JN306538

つぎはぎ仏教入門

呉智英

筑摩書房

目次

つぎはぎ仏教入門

はじめに——我々は当たり前の事実に気づかない

私たちはきわめて単純なことに気づかないで話を進めていることがある。言われてみるとすぐにそうだと気づくほど単純なのに、それを忘れていることがあるのだ。

二十世紀の前半、人類は大きな戦争を二度体験した。第一次世界大戦(一九一四~一八)と第二次世界大戦(一九三九~四五)である。この「第一次世界大戦」は、一九三九年まではこのような名称ではなかった。単に「世界大戦」である。第二次世界大戦が勃発して初めて、その二十年ほど前の戦争が「第一次世界大戦」となったのである。

少し考えれば誰でも気づくほど当たり前のことなのだが、普段誰もが忘れている。それで一向にかまわない。こんなことを忘れていても、歴史を考える上においても、文明を論じる上においても、別に何の障害にもならない。ただ、一九二〇年代の本に「世界大戦」という記述があったら、それは今で言う「第一次世界大戦」のことだと分かっていればよい。そして、そんなことが分からない人はまずいないのである。

しかし、きわめて単純なことに誰もが気づかず、気づかないまま話が進められ、その結果、真実が分からなくなることがある。

仏教を論ずる際にも、そんなことがよくある。

仏教、と聞くと、さまざまなイメージが頭の中に浮かぶだろう。例えば、奈良・京都の古刹名刹《こさつめいさつ》。それを開山した宗祖たち。またそこに祀《まつ》られた荘厳な仏像。そしてその仏像の前で各宗派の高僧たちが読むお経。

ところで、仏教のそもそもの宗祖は釈迦である。釈迦はその弟子や信徒たちと、どんな仏像を拝み、その前でどんなお経を唱えていたのだろうか。

ちょっと考えてみよう。釈迦以前に仏教はない。覚《さと》りを開いて仏陀《ぶつだ》となった釈迦が仏教の宗祖だからである。イエス・キリスト以前にキリスト教はない。イエスの教えがキリスト教である。キリスト教では神父や牧師が信徒たちと十字架の前に額《ぬか》ずくけれど、イエス自らが使徒たちと十字架に額ずいたことなどありえない。十字架上にあるのはイエスその人だからである。これと全く同じように、仏陀釈迦が弟子や信徒たちと仏像を拝んだことなどありえない。釈迦以前に仏教はなく、仏像はないからである。

お経は、どうか。お経の多くは「如是我聞《にょぜがもん》」という言葉で始まる。「是《か》くの如《ごと》く我聞けり（このように私は聞いた）」という意味である。宗祖釈迦の説く言葉を、弟子である私は、以下のように聞いた、それをあなた方にも語り伝えよう、釈迦の説いた真理は次のようなものである、というのがお経なのだ。お経がそのようなものであるからには、釈迦がお経を読むということがあったはずがない。釈迦存命である以上、釈迦自らが人々に真理を語ればいいのである。

もう一度繰り返しておきたい。釈迦以前に仏教はない。釈迦が仏教の宗祖だからである。宗祖釈迦と弟子や信徒たちが仏像を拝んだということはありえない。仏像が存在しないからである。釈迦と弟子や信徒たちがお経を唱えたということもありえない。お経が存在しないからである。

これはきわめて単純で明白な事実である。言われてみれば誰でもすぐにそうだと気づく。しかし、言われなければ、そうだと気づきにくい。

こんな単純なことに気づき、こんな単純な疑問を持つだけで、仏教のイメージは大きく変わり始めるだろう。恐らく、そうであるからこそ、既存の仏教教団はこんな単純な事実に触れようとせず、説明しようとしない。そして、世にある多くの仏教入門書、また仏教批判書も、このような単純で根源的な疑問に答えようとしない。

本書は仏教の入門書である。多くの人に仏教を知ってもらいたくて書いた本である。しかし、普通の仏教入門書とは大きく違っている。

そもそも、私は仏教の信者ではない。それどころか、仏教以外のどの宗教の信者でもない。今までもそうであったし、これからもそうである。また、現在の仏教に強い批判の気持ちを持っている。それも、先にほんの一例を述べたように、普通は議論されないような批判である。ただ、私は、仏教がきわめて重要な思想であり、文化としてもきわめて重要であることを知っている。これはキリスト教がきわめて重要な思想であり、文化としてもきわめて重要であることと同じである。西洋思想史を貫く主要な縦糸がキリスト教であり、美術にも音楽にも文学にもキリスト教の跡は色濃い。そして、大多数のキリスト教徒にあらざる日本人が、キリスト教に貫かれた西洋思想にしばしば大きな影響を受け、イエスの受難像や最後の審判を描いた絵画などのキリスト教美術に感動を覚え、バッハやモーツァルトのキリスト教音楽を愛好する。仏教がこれと同じぐらい重要でないはずがないことは容易に分かるだろう。しかも仏教は現代文明の閉塞を打ち破る契機も秘めていると、私は思う。

しかし、そうした仏教の重要性を仏教の側では現代人に伝え切れていない。それはただ単に仏教の側の怠慢の故のみではない。仏教の重要性を伝えようとすると逆に仏教の抱えている矛盾が露呈し、辛うじて寺檀制（檀家制）に支えられている仏教が崩壊してしまう虞《おそれ》があるからである。仏教の側は因循姑息《いんじゅんこそく》であり、あまりにも優柔不断で臆病である。

そうであれば、何事も顧慮せず蛮勇を振るうことができるのは、実は仏教の外部にいる者である。外部にいながらその重要性を認識している者である。

そんな立場で、そんな視点で、私は本書を書いた。仏教の専門家ではない私が書いたものであるからには「つぎはぎ仏教」にならざるをえない。専門家の書いた仏教書は、緻密な記述によって、まるで深い森のように荘重な趣きを漂わせているけれど、読む者はその深い森に迷い込んでしまい、出口は見えない。そんな仏教書を、蛮勇を振るって好きなように読み、仏教書以外の歴史書や哲学書や科学書を、これも気ままに読み、そこで知りえたことをつぎはぎしてみると、かえって仏教が概観でき、仏教の核心が現れてくる。

本書はそういう仏教入門書である。

第一章　宗教とは何か

1　宗教はなぜ生まれたのか

仏教について考える前に、こんなことを考えてみよう。そもそも、仏教を含む宗教はなぜ生まれたのだろうか。

宗教学者たちは、宗教遺跡・遺物や古文献を分析し、先祖崇拝や自然（太陽、洪水、落雷など）への畏怖感《いふかん》を宗教の起源だとする。十分首肯《しゅこう》できる説である。自分たち一族の始祖、あるいはそこに連なる無数の先祖たち。また脅威でもあり恵みでもある自然。こうしたものと自分を対比してみた時、その絶対的とも思える大きさに圧倒されるのは現代人でも同じであろう。まして、文明が未発達で、それに護《まも》られることが少なかった古代人が、先祖や自然に強い畏敬と崇拝の念を抱くのは当然である。

これを、人間の側からの自己認識として言えば、自分たち人間の「有限性の自覚」ということになろう。この「有限」は「相対」とか「不完全」と言い換えてもよい。言わんとするところは同じである。

人間は、肉体的にも、例えば身長一メートル七十センチ、体重六十五キログラム、というように有限の大きさを持つ。これは、有限の大きさしか持たない、ということでもある。このように言いなおすと、有限は無限を対照物として意識していることが、よりはっきりするだろう。無限を意識することができた時に、有限のはかなさが自覚できるのである。

肉体だけではない。運動能力も有限である。人間は、百メートルをいくら速く走っても、五秒で走れるということはない。仮にそんな陸上競技選手が出現したとしても、空を飛ぶことはできないし、水中を息を止めて三十分も潜水することはできない。

知力についても、寿命についても、あらゆることがこれと同じく有限である。

ところで、有限のはずの人間の活動の中、唯一、無限のものがある。今使っている「無限」という言葉である。「無限」という言葉は無限を表象《ひょうしょう》したものである。「表象 representation」とは、心理学や哲学の用語で、簡単に言えば「頭の中に想い描く」という意味である。人間は、有限の存在であるのに、無限を表象することができるのである。

表象の元となるのが観念である。観念を組み立てて物事を表象する能力が人間には備わっている。人間より下等な動物にも、ある程度の観念・表象の能力はあると考えられるが、人間のその能力は他の動物を圧倒して大きい。大脳が非常に発達しているからである。譬喩《ひゆ》的に言えば、大脳という臓器が観念を分泌していることになる。言語は、観念・表象の能力の典型的な応用である。

動物は、無限を表象することができない。従って、自分が有限であることを自覚できない。これは、実は幸せなことである。無限を表象することによって自分の有限性を知り、その無力感に苦しむ、ということがないからである。

人間にとって、死は負《ふ》の無限である。絶対的な虚無である。人間にとって死の恐怖は、自分が負の無限に呑み込まれること、絶対的な虚無の中を漂うことである。動物には、こういう死の恐怖はない。「死ぬ」ことの恐怖はある。しかし「死」の恐怖はない。動物にとって、死は、飢えや痛みなどの具体的な苦しみの延長線上にしかない。人間にとって、死の恐怖は、それらの苦しみとは次元の違うものとしてある。

私は幼い頃、死が恐くてしかたがなかった。今ももちろん恐いが、幼い頃は蒲団に入って死について考え始めると眠れなくなるほど恐かった。それは、今死が恐いと考えているその自分さえもいなくなるという恐怖である。自己が消滅するという恐怖、絶対的虚無の中に自己が消えてしまうという恐怖である。私が特別に恐がりだったわけでも、神経が鋭敏だったわけでもない。同じような体験をした人は多いはずである。もっと鋭敏な幼児の中には、眠るのを嫌がる子もいる。たいてい、自分がいなくなるような気がして不安だからと言う。つまり、眠りは軽度の死なのである。多くの神話や昔話で眠りは死と近縁のものとして描かれるし、死はしばしば永遠の眠り（永眠）と表現される。

宗教は、こうした死への対抗として生まれた。

キリスト教では、人間は「人祖」アダムとイブが神の禁じた木の実を食べるという罪を犯し、その結果、死ぬ存在になった、と考える。この罪を原罪という。死は原罪に起因する罰であるから「原罰」とでもすべきところだが、この死という罰をも含めて原罪と呼んでいる。人祖が犯した原罪だから、何人《なんぴと》も死は免れない。しかし、悔い改めてイエス・キリストに従えば、永遠の命を享《う》けることができる、とする。

仏教では、人間にとって死は不可避であると覚ることで平安が訪れる、と説くが、後世では、大日如来、阿弥陀如来などの絶対者（ただし世界の創造者ではない）を設定し、それにすがるようになる。これについては、仏教史の展開のところで再説しよう。ともかくも、死への恐れへの対抗があることは、仏教も同じである。

ギリシャ・ローマ神話や日本神話（神道）のような多神教においても、死が重要なテーマであることに変わりはない。エウリピデスの『アルケステス』には死の神タナトスをヘラクレスが打ちのめす話が出てくるし、トラキアのオルフェウスは亡妻エウリディケーを追って冥界にまで赴《おもむ》く。『古事記』でも、イザナギノミコトは死んだ妻イザナミノミコトを追って黄泉《よみ》の国に下りて行く。既に死の国の者となって醜い姿を見られたことを恨んだイザナミは、一日に千人の命を奪ってやると呪詛《じゆそ》の言葉を投げかけるが、イザナギは、これに対抗して一日に千五百人の命が生まれるようにすると宣言する。死と誕生の起源の神話である。

このように、すべての宗教には死の克服がその中核部分にある。とすれば、葬式が宗教行為の中で最重要のものの一つであることは容易に理解できるだろう。葬式は、死の克服そのものではないにしても、死を和らげる儀式である。死ぬ当人にとっても、死者を送る人たちにとっても、葬式はそのような意味を持つ。

仏教批判に、葬式宗教に堕している、というものがある。仏教は葬式宗教であってはならないというのだ。俗耳《ぞくじ》に入りやすい仏教批判であり、識者と称する人たちが好んで口にするが、実は宗教の本質を全く理解していないものである。仏教は葬式宗教だから駄目なのではない。葬式宗教たりえていないから駄目なのである。きちんとした葬式宗教でないことをこそ批判すべきである。

本書では、常識的な仏教を厳しく批判するが、同時に、通俗的な仏教批判にも与《くみ》しない。この二つはともに仏教の理解を、仏教の再生を、妨げているのである。仏教と葬式については最終章で再論しよう。

コラム1　「観念論」と科学

観念論という言葉は、本来、表象の機能の本体である観念を重視する哲学的立場である。しかし、実際にはきわめて多義的、曖昧に、意味を広げて使われる。日常的には「君の考えは観念論だね」という風に使われるが、これは、非現実的な抽象論、といった意味合いで使われているにすぎない。

また、観念論を神秘主義（オカルト）という意味に使うこともある。しかし、もし本当に妖怪という不思議な「物」がいると考えるのならば、それは未知の物がいるということだから（未知の物は世界中にいくらでもいる）、観念論ではなく唯物論である。ただ、神秘主義は実証や論理構成が余りにも粗雑で、中学校レベルの物理学や生物学や歴史学さえ理解できていないものが多い。神秘主義は概して無知の産物である。

観念論の立場は、むろん妖怪の実在を信じるわけではなく、曖昧で非実証的な論理を展開するわけでもない。物事の認識・把握において観念を根元的とするというのが観念論であり、非科学的思考とは無関係である。現代における観念論の源流の一人は、十八世紀ドイツのカントである。カントは人間の認識能力は物自体には至りえないと考えた。後世の新カント派の科学者たちの研究から例をとれば、我々は可視光線で物を見ているが、紫外線や赤外線で物を見ている昆虫や爬虫類とは物の見え方が違い、客観的な外界の見え方というものはない。このことから、観念論は心理学と近い関係にあることがわかるだろう。また、心理学が哲学の隣に分類されているわけもわかるだろう。カント自身科学者でもあり、太陽系の形成は星雲状のガスが凝集したものと考えた（カント－ラプラス説）。現在から見れば不十分な学説ではあるが、当時としては画期的な太陽系形成論であった。

2 「魂」とは何か

「物」と「事」

ここまで見てきたように、宗教は、死という絶対的な虚無への対抗から生まれた。

自己の有限性、相対性の不安から目を背けるために、あるいは、自己の有限性、相対性の不安を克服するために生まれたと言っても、同じことである。

では、自己とはどういうものか。いや、自己とはどういうものかと問うてみたけれど、自己とは「物」なのだろうか。

名詞には実質名詞と形式名詞の区別がある。実質名詞とは「山」「花」「貨幣」「東京都」というように実質を指し示す名詞である。形式名詞とは名詞の形があるだけで指し示すべき実質のない名詞、今問題にしている「もの」のような名詞である。

・世間なんてそんなものだよ。

これは「世間なんてそうだよ」というのと同じであり、表現技法上「そんなものだよ」としただけである。この「もの」は物体・物質という意味での「物」ではない。特に意味のない形式的・補助的な名詞である。実質名詞と形式名詞を表記の上で区別するため、実質名詞を漢字で「物」、形式名詞を平仮名で「もの」と書き分けることが多い。本書でも、物体・物質であることを強調したい場合は、原則としてこの表記に従っている。形式名詞を使って「自己とはどういうものか」と問うことはできるけれど、自己は物（物体・物質）ではない。自己とは、あえて言えば、「事」つまり現象・状態である。

この「事」も現象・状態を表わす実質名詞の表記である。
・大変な事が起きた。
戦争とか災害とか実質のある現象としての「事」である。これもやはり実質名詞であることを強調したい場合に「事」と漢字表記し、形式名詞の場合は「こと」と平仮名で表記する。
・そういうことだよ。
これも「そうだよ」というのと同じで、「こと」が何かの現象を指しているわけではない。

自己は、この形式名詞の「こと」ではなく、実質名詞の「事」すなわち現象である。こんなことをなぜくだくだしく書くかというと、自己、精神、魂、霊、といったものの認識に関わってくるからである。

これらは、物（この場合は特に肉体という物）の対抗概念であり、それぞれが近縁であり、宗教にとって中核的なキーワードとなっている。俗流宗教書には「本当の自分（自己）」「精神性」「魂の安らぎ」「霊はある」などの言葉が頻出している。

そこではあたかも、自己、精神、魂、霊、といったものが物（物質）として存在しているかのように扱われている。先回りして言っておくが、少なくとも仏教においては、それらのものは物（物質）ではない。そういう事（現象）がある、と考えるだけである。

自己、精神、魂、霊

さて、自己、精神、魂、霊について、検討してみよう。

この四つのうち、精神、魂、霊の三つが、類義語もしくは同義語であることはすぐに分かるだろう。「日本精神」と「大和魂」は同じ意味である。精神も魂も人体に宿りながら、物質（肉体）を超えた働きをする。この魂がまた霊と類義語である。「人魂」と「幽霊」が近縁もしくは同類であることからも、それは明らかだろう。断っておくが、私は人魂も幽霊もまったく信じていないし、日本精神も大和魂もあまり信じていない。今論じているのは、そういうものが実在するか否か、価値があるか否かではなく、こういう言葉・概念についてである。

このうち、精神だけは、精神科医、向精神薬など、近代科学の分野でも使われる言葉である。しかし「精神」の中に「神」が入っていることからも分かるように宗教を土壌とする言葉であり、前述の通り、肉体に宿りながら肉体を超越した魂と同義に古くから使われてきた。「精」は「精米」の「精」、つまり、米の外側を削り落とした中心、エッセンス、という意味である。人間の中心にあり人間のエッセンスを成す神秘的な働き、それが精神である。

英語では精神はスピリット spirit と言う。同時にこれは、アルコールが濃縮されたジンなどの蒸留酒を指す。酒の凝縮形、中心部分ということだろう。もう一つ、これは霊も意味する。最近一部で流行のスピリチュアリズムもこの意味で使われているし、「精神世界」というおかしな言葉も「精神 spirit」を「霊」の意味で使っている。また、民話や神話に出てくる妖精、精霊、さらには幽霊もスピリットと言うことがあるし、キリスト教理の三位一体の位格《いかく》の一つ聖霊もスピリットである。

要するに、精神、魂、霊の三つは、ほぼ同じように使われてきたし、今もそのように使われているのだが、ただ「精神」だけが医学・心理学の科学用語として転用されるようになったのである。

人間は進化の過程で神経の塊である大脳をきわめて高度に発達させた。その結果、精神としか呼びようのないものを備えることになった。これを近代科学の対象とする時、伝統的に使われてきた「精神」を用語としたわけである。現代人にとって、精神が、高度に発達した神経系という人体組織の作用であることは、科学的に明白なのだけれど、物質にすぎないその「神経」の中にさえ神秘性が潜んでいる。「神経」は杉田玄白が『解体新書』の中でオランダ語の Zenuw に充てた用語で「人体を貫く神秘的な働きのある経（縦糸）」の意である。また、人間は霊長類に属するが、この「霊長」も霊を有するものの長という意味である。

自己（自我、自意識）も、人体に宿りながら物質（肉体）を超えた働きをするという点で、精神、魂、霊に近似の概念である。石や水には精神も自己もないし、下等動物であるゾウリムシにもイソギンチャクにもそんなものはない。下等動物にもきわめて原始的な自己や精神が萌芽として観察できるかもしれないが、普通はそれを自己とか精神とは呼ばない。少なくとも、自己が消滅してしまうことを不安に思う自己というものはない。類人猿のようにかなり進化した動物でも、人間ほど高度な自己や精神はないようだ。

機械は、どうか。

人間と同じぐらい、また、ものによっては人間よりもっと精妙複雑な働きをする機械でも、しかし、精神、魂、霊、自己は備えていない。

このことは、宗教を考える上で、また幸か不幸か宗教に隣接する怪談を考える上でも、示唆に富む。

コンピューターは人間の知能を摸して作られた。知能は神経系の塊である大脳の働きの重要な一つである。従って、精神と密接な関係がある。しかし、コンピューターは人間と同等の知能を持ち、また記憶量や演算速度などの面では人間以上の知能を持つけれど、精神は持たない。コンピューター工学がさらに発達して超巨大コンピューターが作られるようになっても、恐らく、そこに精神は出現しないだろう。何か根元的な進歩、例えば「有機体素子」とでもいうものが発明され、それを集積回路に応用するような事態が到来すれば、コンピューターが精神を持つようになるかもしれない。しかし、それはあくまでもSFの世界の話である。

だからこそ、SFには、コンピューターが知能のみならず精神まで、そして自我(自意識、自己)まで持つようになる物語が好んで描かれてきた。コンピューター工学が未発達な一九五〇年代までは、コンピューターどころか歯車を組み合わせただけの単なる複雑な機械が精神・自我を持つSFもしばしば見られた。

もっと前の時代の神話や伝説には、人工物である人形が精神を持つ話がよくある。これらのSFや神話伝説は、憧れや楽しさを描いたものであるが、その裏には無気味さや恐怖も描かれている。機械や人形が精神を持つようになったら楽しいだろうなと思える半面、それは無気味なことでもあるからだ。

ここでは人間の心理はアンビバレンツ(両面感情)である。これはまた偶像崇拝にも関係してくる。

キリスト教では偶像崇拝は禁じられている。しかし、十字架上のイエス像や聖母マリア像を当然のようにキリスト教徒は拝むし、東方正教では聖像（イコン）も拝む。仏教では、そもそもこの世の諸々《もろもろ》のものは移ろいゆく空しい存在であるとするのだから、偶像を拝むこともあり得ないはずなのに、仏像を拝む。十字架も仏像も単なる物にすぎないことはわかっている半面、そこに物質を超えた魂や霊があってほしいという願望があることになる。

偶像については儀礼に関するところで再論するとして、話を自己、精神、魂、霊に戻そう。

「他ならぬ私である私」と魂

最近、自己について生理学や医学で研究が進むようになった。我々人間は生物というレベルでも自己があるのである。簡単に言えば肉体の統一性、同一性があるということだ。

統一性・同一性があるからこそ、自己は自己以外の他者（非自己）を区別する。これは体の防御装置である免疫機構の基本的な働きである。病原体が体に侵入した場合、それを他者と認識するから白血球などがこれを攻撃する。しかし、癌細胞は自分の細胞が変化したものだから免疫機構はこれを他者と認識しにくい。癌治療がやっかいなのはここに起因する。将来、癌細胞は自己ではないと免疫機構に完全に認識させることができるようになれば、癌治療は画期的に進歩するだろう。

臓器移植も同じ問題を抱えている。他人の臓器は他人の一部である。従って、免疫機構は自己の統一性・同一性を破る異物として、せっかく移植された臓器を攻撃してしまう。移植臓器を定着させるには、自己と他者の弁別能力を弱めなければならない。そのために免疫抑制剤が使用される。そうすると今度は、敵対的な他者である病原菌の侵入を探知できにくくなる。もし、移植された有用な他人の臓器に限ってこれを自己と認める方法が発見されれば、やはり移植治療も画期的に進歩するだろう。

このように自己にとって統一性・同一性は要《かなめ》となる性質である。しかし、それでいて、自己というものは時々刻々変化している。食物、水、空気を取り入れ、不要物を排出し、自己を構成する物質は毎秒ごとに入れ代わっている。また、年ごとの老化、いや、月ごと日ごとに進む老化によって、自己は変化している。その上で、自己は統一性・同一性を保っている。

生物学的な（肉体的な）自己に対し、精神的な自己のことを特に「自我」と言う場合が多い。自己が自己であると意識されていることである。「自意識（自己意識）」と言っても意味は変わらない。

肉体としての自己を誰もが持っているように、自我も誰もが持っている。誰もが自我を持っていながら、それは代替不能である。自我の移植は誰も考えず、誰も望まない。

ＳＦには、肉体が病気や加齢で衰えた人間が、脳だけを残し、人工臓器や移植臓器で生き延びる話がよくある。実際には、脳もまた臓器の一つであるから、心臓や腎臓、目や耳、手足の筋肉と同じように、病気や加齢による劣化は免れない。しかし、まさにサイエンスのフィクションとしてこういう設定の話がよく書かれ、多くの人に読まれている。つまり、自我だけは移植や代替の対象には考えられない。自我は常に、移植や代替を希望し命ずる主体である。

こう考えてくると「輪廻《りんね》」も理解しやすくなるであろう。といっても、私はそもそも輪廻なんて信じてはいないし、輪廻からの「解脱《げだつ》」を説く仏教では輪廻に否定的である。

輪廻とは、肉体が死によって滅びても、今の自我が同一性を保ったまま、別の肉体に再現することである。この場合の自我こそ「魂」である。輪廻については章を改めて詳論することにしよう。

生と死

この私に精神はあるし、すべての人に精神はある。精神は一般的にある。だからこそ、精神が病んだ時には精神科の病院に行き治療を受ける。精神が一般化できるから、精神医学は成り立つ。精神は一般論で語れるのである。自我もそうだ。私に自我はあり、すべての人に自我はあり、一般論として心理学や哲学の自我論はある。しかし「この私である自我」は、世界中でこの私にしかない。時にはこの私以外の誰かにこの私が宿るなどということはない。例えばフランスのシャルルにこの私が移行したり、イランのハッサンにこの私が出現したりはしない。それこそ精神病の一つ精神分裂病（俗に言う統合失調症）には、私である自我が誰かに侵蝕されるような気がするという症状があるが、逆に、私が誰かの自我を侵蝕してそこへ入ってゆくという症状はない。シャルルやハッサンに国際電話をかけてみて、今あなたは私の自我に侵蝕されていますかと聞いても、シャルルやハッサンが正常である限り、そんなことはないと答えるだろう。

誰もが私であるのは確かだが、この私はこの私以外にない。代替不可能な、固有性を持った、この私、それが魂である。この私、すなわち魂さえもが有限の存在であり、相対的存在であり、必ず死という絶対的虚無に呑み込まれ、消滅してしまうことこそ、人間の最大の苦痛であり、最大の恐怖なのである。

これへの対抗策が、キリスト教では、魂の永続である。人間は肉体的には死ぬ。しかし、最後の審判の後、善なる魂のみは再度肉体を得て蘇《よみがえ》り、悪しき魂は完全に虚無と化す。少なくとも善なる魂に限っては永遠なのである。

仏教では、そのように考えない。では、どう考えるか。雑阿含経《ぞうあごんきょう》にこうある（筑摩書房版・阿含経典I―九八「毘婆尸《びばし》」。以下、阿含経典からの引用はこの筑摩書房版による。用字、句読点などは、読みやすく改めた）。

世尊（釈迦）はこのように仰せられた。
「生があるが故に、老・死があるのである。生によって老・死があるのである」

雑阿含経には同趣旨の言葉が他に何度も出てくる（阿含経典I―一五六「老死」）。

世尊（釈迦）はこのように仰せられた。

「生を原因とすることによって、老・死は起きるのであり、生を滅することによって、老・死は滅するのである」

生がある以上、必ず死はある。これが得心できないことが迷妄であり、この真理に目覚めることが「覚り」なのである。仏教の核はほぼこれにつきている。

しかし、釈迦の教えから遠く離れ、ほとんど別ものとなった後世の自称仏教では、魂（すなわち、他でもないこの自我）は永遠であり、さらには、肉体さえも永遠であるかのように説く。そのほうが、人間の願望（欲望）に合致していて喜ばれるからである。

しかし、大きく変質してしまった後世の仏教にも、この釈迦の教えはたどれる。織田信長が好んだと伝えられる幸若舞《こうわかまい》の『敦盛《あつもり》』の一節に、こうある。

人間五十年、下天《げてん》の内をくらぶれば夢幻のごとくなり。一度《ひとたび》生を受け滅せぬ者のあるべきか。

この「人間」は人の世という意味。下天は化天とも書き、天界の下層。その下天の一日は人の世の五十年（八百年ともいう）にあたる。それと較べれば、人間界の寿命五十年は夢か幻のようにはかない。生を受けたからには死なない者があるだろうか。

幸若舞は室町期の芸能であり、釈迦から千八百年程後のものだが、生こそが死の原因であり、死は生に始まるという仏教本来の思想は継続している。

第二章　仏教はどういう宗教か

1 「覚り」の宗教

仏教はどういう宗教か。一言で言えば、仏教は「覚《さと》り」の宗教である。ものごとは対比すると分かりやすくなる。キリスト教と対比してみよう。キリスト教は「救い」の宗教である。仏教は、人間が覚ることを目的とし、人類で最初に、かつ完全に、真理を覚った(と当の仏教では考える)釈迦に帰依する。キリスト教では、創造主であり、全知全能の存在である(と当のキリスト教では考える)ヤーウェ(エホバ)、およびその御子《みこ》であるイエス・キリストに従って救いを受ける。要するに、こうなる。

仏教――――覚りの宗教
キリスト教――救いの宗教

この対比は、求めるもののベクトルがほぼ正反対である。仏教では「(絶対存在へ）こちらから」、キリスト教では「（絶対存在が）むこうから」である。世界にはいくつもの深刻な宗教対立があり、しばしば宗教戦争も起きている。そんな事件が報道されると、求めるものは一つなのだからすべての宗教は融和できる、と、安易に説く人がいる。しかし、それは大きな間違いである。求めるものは一つではない。仏教とキリスト教の二教でさえ全く違うものを求めている。宗教は融和できない。

宗教が融和できるとすれば、宗教を融和させる力を持つ宗教以上のものがなければならない。それは、現在考えられるものとしては世俗権力だけである。世俗権力とは、宗教的権威によることなく成立している政治装置、すなわち我々がこの一世紀余り親しんできた近代国家である。近代国家がうまく機能している所でのみ、複数の宗教はなんとか表面的に融和している。

それなら、世俗権力、すなわち近代国家は宗教よりすばらしいのか。近代国家には何の問題もなく、宗教がその制約の下にあることがいいことなのか。私は、有効に機能した近代国家の生んだ成果を一応は認めつつも、大きな疑問を持っている。これについては、また後で別途考えてみることにしよう。いずれにしても、ベクトルの違う二つの宗教が、融和可能であると、何の根拠もなく安易に考えてはならない。また、安易にそんなことを唱える人を信用してはならない。

話を「覚りの宗教」と「救いの宗教」に戻そう。この二つのうち、覚りの宗教のほうが救いの宗教より優れているとか、逆に劣っているとか、私は考えていない。「はじめに」でも述べたように、私は仏教を含むいかなる宗教も信じていない。ただ、多くの宗教が人間にとって重要な意義を持っていると強く認識しているだけである。覚りの宗教には覚りの宗教の魅力と弱点があり、救いの宗教には救いの宗教の魅力と弱点がある。それは、それぞれの宗教の千年二千年に及ぶ歴史の中で、さまざまな局面において発現する。ある時は、その魅力が強く現れて人々を惹きつけ、ある時は、その弱点故に勢いをなくす。そして、時には、覚りの宗教が救いの宗教に変容し、救いの宗教が覚りの宗教にすり寄ることもある。これについても後に具体的に見てゆくことにしよう。

とにかく、その本来の姿を考えたとき、仏教は覚りの宗教であり、キリスト教は救いの宗教であるということだ。

「覚り」は「悟り」と書くことも多い。用字だけの問題であり、どちらが正しくどちらが誤りというわけではないのだが、本書では原則として「覚り」を使い、場合によっては「悟り」を使うことにする。

というのは、今言った通り両者に正誤の別があるわけではないのだが、ニュアンスがちがってくるからである。

普通「悟り」という語には、どこか後ろ向きの、断念、諦観《ていかん》が感じられる。「死期を悟る」とか「何の野心もないような悟った態度」といった使い方に、それが表われている。「悟り」に断念や諦観が表われるのは、仏教思想の一側面、また日本的展開としてそれなりに理由が考えられる。関連する箇所で改めて述べることにしよう。ともかくも、「さとり」とは後ろ向きの、ネガティブな行為ではない。なぜならば、その本義は「目覚めること bodhi」だからである。「覚り」と書くことによって、「目覚める」という積極性が感じ取れるようになるだろう。

宗祖釈迦は真理を証得して仏陀となった。この「仏・仏陀」は「目覚めた者」という意味である。

名古屋に覚王山日泰寺《にったいじ》という大きな寺がある。この寺は明治三十七年（一九〇四年）に建立された。十九世紀末にインド北部ピプラーワーの仏教遺跡で仏舎利《ぶっしゃり》（釈迦の遺骨）が発見され、仏教国シャム（現タイ）の王室に寄贈された。その分骨がこの寺に安置されている。日本唯一の本物の仏舎利が祀られている寺で、特定の宗派に属さず、諸宗派の共同運営となっている。寺名の「日泰寺」には、タイ王室の厚誼《こうぎ》に感謝し、日本とタイとの友好を祈念する意味が込められている。山号にある「覚王」とは、釈迦のことである。英語で King of Kings（王の中の王）と言えばイエス・キリストであるように、「目覚めることで王となった者」という意味である。

「さとる」が「目覚める」であることは、外国語を考えると、さらにはっきりする。英語では「覚る」は spiritually awaken（霊的・精神的に目覚める）である。しかし、キリスト教における同じような宗教行為は「覚る」とは言わない。それは「回心 conversion」である。神に背く生き方をしていた人の心をぐるりと回して神の方にふり向かせることである。

回心の典型は、使徒パウロである。聖書の使徒行伝やガラテヤ書簡によると、パウロはかつてキリスト教徒たちを投獄するなどして迫害していた。しかし、ダマスカスへ行く途中、天からの光が輝き、イエス・キリストの声が聞こえた。「啓示 reveal」である。これによって、パウロは回心する。「啓示による回心」、ここにも、キリスト教のベクトルが「むこうから」であることを読み取ることができるだろう。

興味深いことに、ロシヤ語では「目覚め（させ）る」をブヂーチと言う。また「目覚まし時計」はブヂーリニクである。この「ブヂーチ」「ブヂーリニク」の中に「仏陀」が入っていることが分かるであろう。サンスクリット起源の言葉が北上して、ロシヤ語の中に生きているのである。

コラム2　釈迦

仏教の開祖は釈迦である。その生没年については諸説あるが、その実在、また在世満八十年については異説はない。在世年は現在有力説では、BC四六三年からBC三八三年。他に、BC五六六年からBC四八六年、BC六二四年からBC五四四年などの説がある。絶対年代がはっきりしないのは、インド文明では時間の進行を直線的にとらえず、循環的に考えていたかららしい。どの説に従うとしても、現在からざっと二千四、五百年ほど前の人である。ほぼ同時代に、孔子（BC五五一～BC四七九）、ソクラテス（BC四七〇頃～BC三九九）がいる。哲学史の縦糸となる人物が同時期に出現したわけであり、哲学者のK・ヤスパースは、この時代を「軸の時代」と呼んでいる。

釈迦は、インド北部（現在のネパール）の小国の王族シャカ族の王子として生まれる。この「シャカ」の漢字による音写「釈迦」が名前として使われてきた。敬称をつけて「釈迦牟尼（聖者）」「釈尊」ともいう。覚りを得た後は「ブッダ（目覚めた者、覚者）」

と呼ばれ、その音写が「仏」「仏陀」である。和語の「ほとけ」も「ブッ＋気」と考えられる。本書では「釈迦」を基本とし、「仏陀」なども適宜使用する。

釈迦の生涯については、その思想形成を論じるところで、少し詳しく触れることにする。

コラム3　サンスクリット

古代インドの言語で、仏典の多くがサンスクリットで書かれている。人によって「サンスクリット」とも「サンスクリット語」とも言う。実質的に同じであるが、両者の違いには次のような事情がある。サンスクリットとは「完成されたもの」という意味で、単に言語にとどまらず、それを含む知的体系・教養体系の全体を表わす。わかりやすい譬喩を使えば「漢文」がこれに近いだろう。漢文は古代の支那語（基本的に文章語）であるが、その古代支那語によって著わされた書物とそれを基にした知的体系・教養体系の意味でもある。「彼は漢文をよくする」と言えば、ただ古代支那語の読み書きができる人というだけでなく、漢文によって培われた教養や見識のある人ということである。これと似ていよう。サンスクリットのそういう文化的背景を重視する人は「サンスクリット」と言い、その骨格部分である言語を重視する人は「サンスクリット語」と言う。かつては「梵語《ぼんご》」と言った。本書では「サンスクリット」を使うことにする。

我々はそれと知らずにサンスクリット由来の言葉を使っていることがある。浄土宗系で唱える「南無阿弥陀仏」、日蓮宗で唱える「南無妙法蓮華経」などの「南無」はサンスクリットの「ナム」の漢字音写である（語尾変化してナモ、ナマスともなる）。意味は「お辞儀・礼拝する、帰依する」。現在のインドの公用語であるヒンドゥー語（ヒンディー語）の挨拶「ナマステ（今日は）」は「あなたにお辞儀します」という意味である。「テ」は二人称。この「テ」も、ヨーロッパ諸語で二人称として使われている。テュ（仏）、ドゥ（独）、トゥ（西）、トゥ（羅）、トゥイ（露）などだ。英語では古語のザウ thou が同源である。

2　釈迦と経典

初期仏教

仏教は宗祖釈迦の教え、すなわち釈迦の思想・哲学から遠く離れ、ほとんど別ものものように大きく変質してしまったと、前章の終わりに書いた。「はじめに」では、釈迦より前に仏教はなかったという当然のことに注意を喚起しておいた。仏教がない以上、お経（経典、仏典）もなければ、仏像もなかった。釈迦在世中にさえ、お経も仏像もない。釈迦が自らその思想を語り説いたものがお経であり、仏陀（仏）である釈迦の似姿を刻んだものが仏像だからである。

しかし、釈迦から二千四百年後の世に生きている我々は、膨大な数のお経の存在を知っている。大正十三年（一九二四年）から昭和九年（一九三四年）にかけて刊行された史上最大の経典集成「大正新脩大蔵経」は、本篇だけで八十五巻にも達する。それも、大型の図鑑類に使われるＢ五判で三段組である。釈迦が十人いてもこれだけの教えを語ることは不可能であったはずだ。我々は、また、たくさんの仏像を知っている。奈良東大寺の大仏は毘盧遮那仏《びるしやなぶつ》だし、阿弥陀仏を拝む人は多いだろう。では、それらの仏はどこから来たのだろう。どんな仏の姿を刻んだのだろう。釈迦以前に仏はいないはずである。釈迦が人類で初めて覚者すなわち仏になった。それ以後、誰が、いつ、どこで、どのようにして仏になったのだろうか。そんな話を聞いたことはない。

「唯我独尊」という言葉がある。転用・誤用されて、独善的という意味に使われることも多いが、本来は釈迦生誕時の伝説から来ている。釈迦は生まれてすぐ七歩《しちほ》歩み「天上天下《てんじようてんげ》唯我独尊」(「てんじょうてんが」とも読む)と述べたとされる。むろん事実ではありえないが、神話的表現としてはおかしくない。釈迦生誕の日とされる四月八日、寺院では宗派を問わず釈迦生誕像を祀って「灌仏会《かんぶつえ》(花祭り)」を祝う。この像は、釈迦がこの世に生まれたことを天が祝福し幼い釈迦の上に香水《こうずい》を降らせたことを表わしたもので、小さな御堂は花で飾られる。では「天上天下唯我独尊」とは何を意味するのか。釈迦が世界中で初めてただ独り覚者仏陀となったとしか解しようがない。つまり釈迦以外に仏はいないと、釈迦生誕像の「天上天下唯我独尊」は語っているのである。

毎年四月八日に釈迦生誕像を祀りながら「天上天下多仏他尊」では大きく矛盾することは明らかである。仏教なるものが仏陀釈迦の思想から大きく離れてしまったことは、ここにも見て取ることができるだろう。

釈迦以後の仏教も、釈迦の教えをなにがしかは継承していると、これも第一章の終わりに書いておいた。少なくとも、それを土壌にはしている。だからこそ仏教文化と呼べるものが日本を含む東アジア・南アジア各地に今も根付いている。しかし、その仏教文化も枯れかけ、腐敗さえ進んでいる。仏教が人間に何か光明をもたらすどころか、むしろ人間を無明の闇の中に落とし込んでいる。そんな現状を考えれば、釈迦の教えをなにがしかは継承しているからといって、これをそのまま認め放置しておいていいはずはない。ほんの一パーセントしか純金の入っていない指輪は金の指輪とは呼べない。有効成分を何十倍にも水増しした医薬品を病人に投与しても病気は治らないし、時には病状が悪化することもある。純金の輝きを知った上で安物の指輪を楽しむのならそれはそれでよい。使い方を心得ているなら水増し医薬品も気休め程度にはなるだろう。仏教についてもこの見極めが大切である。

そのためには、釈迦の説いた教えとその後の仏教の展開を概略でも知っておく必要がある。このあたりの仏教史を簡単に見ておこう。

釈迦在世中は当然として、釈迦入滅後ほどない時代には直弟子たちの間に釈迦その人の説いた思想が生きていた。この時期の仏教を「初期仏教」と言う。かつてはこれを「原始仏教」と呼び、今もそう呼ぶ学者が多い。しかし、原始という言葉が未開な原始人を連想させ、未開野蛮な仏教という印象を与えるため、別の言葉がいくつか考えられてきた。「根源仏教」もその一つである。私は「原仏教 Proto Buddhism」がいいと思うが、必ずしも言葉として熟してはいないのでしばらく「初期仏教」に従っておく。英語では Original Buddhism という言い方が広がっている。

自分たちが仏教と思っているものが初期仏教と大きく違うらしいという疑念は、インドや支那でもかなり古くからあったようだ。しかし、実証的にこれが指摘されたのは、江戸時代中期大坂の独創的な思想家富永仲基《とみながちゆうき》（「なかもと」とも読む）によってである。富永は、自由な学風で優れた思想家を輩出した半官半民の学校、懐徳堂に学び、『出定後語《しゆつじようこうご》』（「しゅつじょうごご」とも読む）を著わした。富永はここで「加上《かじよう》説《せつ》」をキーワードにして旧来の仏教論を批判し、仏典の多くが後世に作られたものであることを実証した。加上説とは、後世の人間が自分の思想を始祖の思想より「上に加《お》いて（上位に置いて）説く」という意味であるが、自分の思想を始祖の思想の「上に書き加えて（重ね書きして）説く」とやや不正確に解した方が現代人にはかえって分かりやすいだろう。

富永仲基の加上説論は単なる思いつきではなく、当時の文献学の限界はあったとはいえ、その骨格においては現在の研究と較べて遜色ない卓論であった。これが本格的な「大乗非仏説論《だいじょうひぶっせつろん》」の始まりであった。

大乗非仏説論とは、文字通り「大乗仏教は仏説（仏陀が説いたもの）に非《あら》ず」とする論である。日本人を含む北アジア人たちが仏教だと信じている大乗仏教は、釈迦より後に「加上説」されたもので、むしろ「小さな乗物」と卑しめられていた小乗仏教こそ釈迦本来の教えに近い、というのである。

明治になって西洋から近代的文献学や歴史学が入ってくると、大乗非仏説論は、信仰上はともかく、学問的には否定できないものとなっていった。現在では、小乗仏教は小乗仏教としての発達史があるので初期仏教そのものとは言えないが、その原形をよくとどめてはいる、と考えられるようになっている。

大乗・小乗の分裂

大乗仏教・小乗仏教とは、仏教が大きく分かれた二つの流れである。現在もさまざまな仏教宗派が分裂・分立しているが、その始まりは大乗・小乗の二大潮流を準備した「根本分裂」である。

釈迦は、実証的仏教史では、BC三八三年に入滅したとする説が最有力である。それからほどなく、弟子たちが集まり、自分たちの聞いた釈迦の教説をまとめた。「仏《ぶっ》典結集《てんけつじゅう》」である。そのほとんどが口承仏典だったはずである。釈迦の教説である本来のお経はこの時にできた。これを「金口《こんく》（直説《じきせつ》）の仏典」と言う。金口とは、輝かしい釈迦の言葉ということである。現在、どのお経のどの部分がそれに当たるか、かなり精密な研究が進んでいるが、絶対的な確定は難しい。

次いで、釈迦入滅《にゅうめつ》から百年後のBC二八三年頃、第二回目の仏典結集があった。僧侶たちの間に教義上の議論が起きたためであるという。これを機に仏教は「上座部《じょうざ》」と「大衆部《だいしゅぶ》」の二つに分裂する。これを「根本分裂」と言う。上座部が後の小乗の源流になり、大衆部が後の大乗の源流になる。

「大乗」とは、すべての衆生《しゅじょう》（民衆）を済度（覚りの彼岸へ渡す）する大きい乗物、という意味である。「小乗」とは、すべての衆生を済度することより自らが覚ることを重視する小さい乗物、という意味で、大乗の反対である。この「小乗」は大乗の側から投げつけられた一種の蔑称であるから、最近では小乗と呼ばず「上座部仏教」とか「部派仏教」と呼ぶことが多い。しかし、自ら覚った者をまず済度する小さな乗物がそれ故に劣ったものであるとすること自体、大乗側の価値観によるものである。そもそも小乗の側では、覚った者だけが乗れる小さな乗物で一向にかまわないと考えているのだから「小乗」と呼んで差し支えない。だいたい「大乗・小乗」とした方が対比的で分かりやすいではないか。本書では、小乗仏教を公平に評価しようとする立場から、あえて「小乗」と言う。

さて、この根本分裂の要因は何か。外在要因と内在要因の二つが考えられる。

外在要因とは、仏教そのものの外にある要因、つまり状況論としての要因である。釈迦入滅後、釈迦の高弟であった僧たちは王族や大商人たちから敬意をもって遇され庇護を受けるようになった。この僧たちは、自ら覚りを得ようと励む修行者であり、指導的な上層部である。そのため「上座部」と呼ばれた。また思弁的な僧も多く教義解釈によっていくつもの「部派」が生まれた。こうした潮流が小乗仏教であり、小乗仏教の別名を上座部仏教とか部派仏教と呼ぶのはこれに由来する。一方、この上座部、部派の僧たちの特権性と独善性に反撥する僧たちは、広く民衆に釈迦の教えを広め、彼らにも覚りの道を歩ませようとした。この潮流が大衆部であり、大まかに言って後の大乗を準備することとなる。この大衆部（大乗）が上座部を狭量な小乗であると批判したのである。

現代人は、大乗・小乗を対比して、大乗は進歩的ですばらしく、小乗は保守退嬰《たいえい》で劣っていると思いがちである。それはまた仏教論の通説のようにもなっている。しかし、この考えは、千五百年に亘《わた》って浸透し続けた大乗仏教正統論を背景とし、加えて、国民国家・民主主義を疑うべからざる真理と思い込まされている怠惰な近代的良識によるものである。この良識では、仏教を国民国家・民主主義の補完物としか捉えていない。それでいいとするのなら、それもまた一つの見識である。しかし、この考えは仏教が国家や政治思想の言いなりになることを認めるものであることに、多くの良識人は気づいていない。これについては、また後に再論することにしよう。

大乗・小乗の分裂には、もう一つ、内在要因もある。それは釈迦の思想すなわち仏教そのものが抱えるそれこそ根本的な矛盾である。このことが信仰としての仏教の側から語られることはきわめて希《まれ》である。宗祖釈迦の思想に本質的な亀裂が内在することを信仰の立場から認めることはできないからである。しかし、これをもきちんと考察しておくことは本書の重要な使命であろう。

釈迦の思想の内的亀裂とは何か。釈迦は初めて覚りを得たときに、これを衆生に語るまいと思った。愚かな衆生にこの法（真理）を語っても分かるはずがないからである。雑阿含経《ぞうあごんきょう》、また増一阿含経《ぞういちあごんきょう》の中に「梵天勧請《ぼんてんかんじょう》」という経がある。そこにこうある（阿含経典Ⅳ─一六二）。


世尊（釈迦）は、孤坐の思索のなかにおいて、つぎのような思いを起こされた。

「わたしが証《さと》りえたこの法は、はなはだしく深くして、見がたく、悟りがたい。すぐれたる知者のみのよく覚知しうるところである。しかるに、この世間の人々は、ただ欲望を楽しみ、欲望を喜び、欲望に躍るばかりである。かかる人々には、この理はとうてい見がたい」

「苦労してやっと証得したものを
なぜまた人に説かねばならぬのか」

そのように考えた世尊の心は、躊躇《ちゅうちょ》に傾いて、法を説くことには傾かなかった。

法を説くことをためらっていた釈迦の前に立ち現れたのは、梵天である。これはインドの伝統神話でこの世を司る最高神である。この梵天が釈迦を説得（勧請）する。

「ああ、これでは世間は滅びるだろう。

世尊よ、法を説き給え。
世尊が法を説かせ給えば、必ず理解する者もあるであろう」
その時、世尊は、梵天の勧請を知るとともに、また、生きとし生けるものへの哀《あい》憐《れん》によって、仏眼をもって世間を眺め給うた。

すると、無明《むみょう》の世間にうごめく衆生《しゅじょう》の姿が目に入った。釈迦はまさしく「哀憐」（慈悲）の心によって衆生に真理（法）を説くことを決意するのである。

この神話表現の中に、釈迦の相矛盾する意志がよく現れている。釈迦は本心では「苦労してやっと証得した」真理を、欲望の汚濁《おじょく》に塗《まみ》れた衆生になど説きたくはない。しかし、その衆生の哀れさを考え「哀憐」の心によって衆生済度《しゅじょうさいど》のため真理を説くことにする。これがそれぞれ小乗と大乗に対応していることは明白である。もともと宗祖釈迦の中で小乗思想と大乗思想は葛藤しているのである。小乗を一方的に劣っているとするのが誤りであることがよく分かるだろう。

最古の仏典「スッタニパータ」（岩波文庫『ブッダのことば』）は、釈迦の本当の言葉に最も近いと考えられる「金口直説《こんくじきせつ》」の経典であるが、その中に有名な「犀《さい》の角《つの》の譬《ひ》喩《ゆ》」（同書三五節）がある。

犀の角のようにただ独り歩め。

この一句は、小乗思想を最も端的簡潔に、かつ民族的文化を背景として美しく表現している。

阿含経典と仏陀釈迦

既に何度か引用している阿含経典について説明しておこう。

「阿含」とはサンスクリットの「アーガマ」の漢字音写であり「伝え来たったもの」を意味する。伝え来たった宗祖釈迦の言葉の集成ということであり、「長《じょう》阿含」「中阿含」「雑《ぞう》阿含」「増一《ぞういち》阿含」の四群から成る初期仏教の経典である。これを「四阿《しあ》含《ごん》」と称する。セイロン（スリランカ）仏教には「ニカーヤ」という五群から成る初期仏教経典がある。そのうち四群は内容的に阿含経典と同じであり、残る一群は「小部」と呼ばれる。先に引用した「スッタニパータ」もその小部経典の中に入っている。ニカーヤも含むこれらの初期仏典をひっくるめて広義の阿含経典と解していいだろう。

この阿含経典のかなりの部分が釈迦の金口直説の仏典、もしくはそれに神話や伝説を交えたものと考えられている。大乗仏教が広まっている日本では阿含経典は小乗の経典だとして軽んじられていたが、明治以後の学術的仏教研究の発達の中でその重要性に注目する声が高まってきた。ただ、それは学者やそれに準じる少数の知識人たちの間だけで、実際に仏教界を支配している各宗派や檀家信徒たちの間では、自派の奉ずるお経以外を無視する傾向が強く、ほとんど話題になることはない。

また、阿含宗という宗教団体があるが、これと阿含経とは何の関係もない。阿含宗は雑誌などに派手な広告を掲載している新興宗教で、その名に反し阿含経とは全く無縁である。この宗教団体が「阿含宗」と名乗ったのは一九七八年のことで、それまでは「観音慈恵会」と称していた。阿含経に「観音」の概念はない。この教団では宗祖が山伏の姿で護摩《ごま》木《ぎ》を焚くが、これは大乗仏教の一潮流である密教の日本的な変容である修験道《しゆげんどう》の儀式である。密教で、まして修験道で、阿含経は一行たりとも唱えられることはない。商店街のクリスマスセールがキリスト教と何の関係もなく、そのチラシに聖書の言葉が一言も引用されることがないのと同じである。

小乗仏教は、原則的に阿含経典（四阿含に小部経典を加えた広義の阿含経典）を経典とする。その小乗仏教の特徴はいくつか挙げられるが、まず「釈迦一仏論」を挙げておかなければならない。釈迦だけが仏であるという立場だ。立場というよりも、事実として阿含経典の中には釈迦以外の仏は出てこない。釈迦が覚者・仏陀（仏）となって覚りを説いたのがお経なのだから当然である。

東南アジアの小乗仏教国には、いくつもの寺院、仏教遺跡があり、観光地としても人気を集めている。そのどの寺院・仏教遺跡でも祀られているのは必ず釈迦仏である。小乗仏教にはこの原理的な潔さ、論理徹底性がある。

それなら、後の大乗仏教で、阿弥陀仏や毘盧遮那仏《びるしゃなぶつ》などいくつもの仏が説かれ、狭義の仏以外にも弥勒菩薩《みろくぼさつ》や毘沙門天《びしゃもんてん》などさまざまな「仏様」も現れるのは、どういうことか。

我々が曖昧に仏様と思っているものは、大きく三つに分かれる。まず本来の仏、覚者であり、これが仏教における最高究極存在である。次に、インド神話に登場する神々（日本神話やギリシャ神話の神々のようなもの）、そして、仏を目指す未完成の存在である。

最高究極存在としての仏は如来ともいう。「如来」はサンスクリットの「タターガタ」の漢語訳であり、「仏」がサンスクリットの音写であるのとは違っている。「如来」の意味は専門家の間には諸説あるが、「かくの如く真実の世界へ来たれる者」（このようにまことに真理を体得した者）と解しておけば、仏教入門者としては十分である。そのような「如来」とはすなわち覚者「仏」にほかならない。簡単に表にすると、次のようになる。

・仏（ブッダ）――音訳。原音に近く「仏陀」とすることもある。意味は「覚者」。
＝
・如来（タターガタ）――漢語訳。意味は「かくの如く真実の世界へ来たれる者」。

仏教はインド思想・インド神話を土壌として成立しているため、その神話に登場する神々をも取り込んでいる。これも我々は普通「仏様」と広義に解している。釈迦の覚りのところに出てきた梵天《ぼんてん》もその一つである。そこのところで、インド神話における最高神と説明しておいた。しかし、これはキリスト教のような一神教における最高神（というより、一神教なのだから最高神しかありえない）とは違い、諸々の神々を束ねている代表のようなものである。梵天を筆頭とするこれらの神々は、仏陀釈迦が現れた後は仏教の守護神となった（と仏教の側で解する）。毘沙門天、歓喜天《かんぎてん》、弁天（弁財天）など「天」が付く「仏様」は、覚者という意味での「仏」ではなく、みなこのインドの神話上の神々であり、仏教を護っているのである。日本でも、比叡山延暦寺の守護神は、延暦寺が開基する前からこの山に祀られていた日枝《ひえ》神社（日吉《ひえ》神社）の山王《さんのう》神である（日枝の山だから比叡山）。

仏を目指す未完成の存在とは、大乗仏教のキーワードになる「菩薩」がその典型である。これも広義で「仏様」と解されているが、正確には菩薩は仏ではない。覚りを得るべく「自利」の修行に励むのみならず、衆生を救う「利他」にも励み、それによって最終的に如来すなわち仏になる者が菩薩である。この菩薩も、インドやさらには西方の神話と習合《しゅうごう》して、地蔵菩薩（インド神話起源）や弥勒菩薩（西方起源が指摘されている）となり、単独で信仰の対象となり「仏様」の一つとなっている。しかし本来は「自利利他行」に励む存在のことである。

大乗仏教では、諸仏、諸神、諸菩薩をみな尊び、それぞれを讃えるお経まで作られている。小乗仏教では、釈迦一仏論であり釈迦以外に仏はなく、神話上の諸神も明らかに仏を守護するための従属的存在である。菩薩は、自利利他行が大乗の思想である以上、その萌芽のような近似概念が観察されるだけである。小乗仏教で修行者の中の最高の者は「羅漢《らかん》」である。これは大乗でも広く修行僧の意味で使われるようになり、特に禅画などに好んで描かれた。

大乗仏教で、神話上の諸神や自利利他行に励む菩薩たちを認めるのはいいとしても、なぜ仏さえもいくつも存在しているのか。これには次のような論理操作が行なわれている。

釈迦は人間の中で最初に真理を体得したのだが、それが普遍的な真理であるならば、釈迦が覚る前から真理は真理として存在していたはずであり、それは時空を超えてさまざまに顕現していた。それ故、あまたの仏が存在する。

こういう論理である。

あまたの仏といっても、その仏の成り立ちによって区分が違う。これを仏身論という。仏の身（成り立ち）を論ずるという意味である。仏教史の中でさまざまに議論され、二身説、三身説《さんじんせつ》、四身説、五身説、などがあるが、最も広く流布しているのは三身説である。

三身説では、仏身を「法身《ほっしん》」「報身《ほうじん》」「応身《おうじん》」と区分する。このうちで分かりやすいのが、第一身である法身と第三身である応身である。

第一身の法身とは、法（真理）そのものとしての仏である。釈迦が法を覚り、これを体得した。それ故、覚者仏陀となって以降の釈迦は法身を具現化している。

第三身の応身とは、法身たるに「相応しい」人物に法身が発現した仏と考えればまず当たっていよう。これが歴史的実在としての釈迦である。今から二千四百年前にインド北部に生きていた釈迦その人が応身である。

要するに、釈迦は法身と応身を兼ね備えている。というより、釈迦を二面から考えたということである。真理としての釈迦、人間としての釈迦、という考え方である。イデア（理念）とその具現形・分有形という論理構成であり、これは分かりやすい。

問題は、第二身の報身である。

報身とは、菩薩が衆生済度の自利利他行の結果として仏となって「報われた」仏身である。半ば応身と重なる面もあって分かりにくい。それに、仏陀釈迦より先に菩薩の出現が設定されていることも理解に苦しむ。仏陀釈迦がこの世に現れたからこそ、それを目指して自利利他行に励むのが菩薩のはずである。釈迦より前に菩薩があるとするのは、大学ができる前の明治初年に既に予備校があったとするような話である。

ただ、報身という仏身概念を案出することで、仏教に先行する伝統信仰・土俗信仰をも取り込むことが可能になる。釈迦出現前から民衆に信仰されていた諸神は、釈迦を待ち望んでいた菩薩であり、今は仏すなわち如来である、とすることができる。阿弥陀如来は本来、中央アジア・西アジア起源の古い神であったのではないかと思うが、その性格はきわめて菩薩的である。阿弥陀如来は、前身が法蔵菩薩で衆生済度に尽くし、自らは既に如来として完成されているにもかかわらず、衆生を救い切るまでは如来にならないと誓った(阿弥陀誓願)。阿含経典に見られる仏陀釈迦とは著しく性格の異なる仏であると言わざるを得ない。

この他に、チベット仏教の「活仏《かつぶつ》」、真言密教の「即身成仏《そくしんじょうぶつ》」、山形県出羽三山の「即身仏（ミイラ仏）」、俗に死者を言う「ほとけ」なども、仏身論の応用形である。真理が普遍であるなら、それはあらゆるところに出現しうるし分有可能だし、釈迦と同じほど修行と徳を積めば誰でも仏になりうる、という理屈である。近時、仏教批判はただ葬式仏教を批判していればいいというものではなく、もっと根元的な教義批判が必要だという声が出ている。袴谷憲昭《はかまやのりあき》、松本史朗らのそういう批判は、視点において今述べたこととつながっている。

コラム4　呉音と漢音

一般に「お経」とするものは漢訳仏典である。仏教語の多くはそこに出てくる漢語である。しかし、仏教語の漢語は、ほかの漢語と少し読み方が違う。原則的に、普通の漢語は「漢音」で読み、仏教語の漢語は「呉音」で読む。この呉、漢は、王朝名ではなく、呉（南方）の地方音、漢（漢民族全体）の標準音、といった意味である。漢字、漢籍は長期に亘って伝来したので、その時の政治・文化の中心地の音が伝わった。日本にはまず四、五世紀に呉音が伝わり、二百年ほど後れて漢音が伝わった。南方は仏教が盛んであったので、仏典は呉音で読むようになったものと思われる。普通は漢字の音読みは呉音・漢音の二種類を知っていればほぼ足りるが、例外的な宋音（唐音）という読み方もある。平安時代後期以降伝えられた禅宗系の仏教語に宋音で読むものがある。いくつか例を挙げておこう。

・行：行列（呉音）、行進（漢音）、経行《きんひん》（宋音）
・金：金色《こんじき》（呉音）、金属（漢音）
・文：天文（呉音）、人文（漢音）

・京：東京（呉音）、京浜（漢音）
・経：お経（呉音）、経営（漢音）
・食：肉食《にくじき》（呉音）、肉食《にくしょく》（漢音）

第三章　釈迦は何を覚り、何を説いたか

1　縁起論

初期仏教において釈迦その人が覚《さと》り、人々に語ったことは何か。すなわち仏陀釈迦の覚りとは何か。阿含経典を見てみると、釈迦没後数百年して成立した玄妙難解な経典と違い、深遠でありながら分かりやすい。釈迦の思想の核、すなわち仏教の核となるものを阿含経典から見ておこう。

最重要なものは「縁起《えんぎ》」である。物事には、原因があり条件があり、その結果が起きる、という思想である。これは仏教哲学の中で最重要のものであり、それ故に民衆の間に広められるうちに、土俗的な迷信と混淆《こんこう》して本義が分からなくなっていった。「縁起」は「因果《いんが》」「因縁《いんねん》」と類義語である。共通の字を含むことからもそれは分かるだろう。この三語は次のような俗信として同じような意味合いで使われている。

・出掛けに下駄の鼻緒《はなお》が切れるなんて縁起が悪い（鼻緒が切れたことが不幸な出来事の糸口で、出先で事故が起きることにつながっている）。

・親の因果が子に報い、恐ろしい蛇女が生まれた（親が蛇を殺したことが原因で、鱗だらけの身体の娘が生まれる結果になった)。

・この人形には不思議な因縁話がある（人形の持ち主が沼で水死し、それ以後の持ち主も次々に水死したが、それは最初の事故が原因となり、糸のようにつながっているのだ)。

しばしばこのような同種の迷信話の中で使われる。

しかし、因果という言葉は迷信とは対極的な自然科学、社会科学でも使われる。自然科学にしろ社会科学にしろ、多くの研究目的は因果関係の発見である。ある微生物が病気を起こすことが分かるということは、その微生物と病気の間に因果関係が見つかったということである。ある国が繁栄しているのは地下資源が豊富だからなのか、それよりも民族対立を克服したことが大きいのか、これも政治学者が因果関係を立証しようとする。因果（原因・結果）関係の発見とその応用は科学の重要なテーマである。

そして、重要である分、これは慎重厳密でなければならない。ある病気の原因が微生物説から化学物質説に変わったことなどは新聞の科学記事によく出るし、政治現象や社会現象にはいくつもの要因が複雑にからむため因果関係を単純に決定することはできない。それ故にこそ、研究発表の検証や再実験が行なわれる。だが、下駄の鼻緒が切れたことや蛇女が生まれたことや呪いの人形などに関わる因果関係が証明されたことなど一度もないし、逆に、そこに因果関係が全くありえないという証明ならいくらでもできる。科学的知識の有無に関わらず、論理能力さえあれば科学が未発達な古代人でも、そんな証明は可能である。

後漢の王充《おうじゅう》（二七〜一〇〇頃）は『論衡《ろんこう》』の「雷虚（雷に関する嘘）篇」でこんな論理展開をしている。

（落雷は天が罪ある者を罰するのであるというが）建初四年（七九年）六月、浙江省のある村で五頭の羊に雷が落ちて死んだ。どんな罪を犯したというので、雷はこの羊たちを殺したのだろうか。一方、船頭が川の上流で水を汚し、川下の人が汚水を飲んだとしても、船頭が落雷で死ぬわけではない。

科学的知識を特に必要としない明快な論理展開である。王充は釈迦よりは時代が下り、民族も違うが、古代人が非論理的な思考をしていたわけではないことを知っておかなければならない。

釈迦の説く縁起も、蛇女や因縁の人形と同一水準のものであるはずがない。

道徳律としての「因果応報」も日常卑俗によく耳にする。良いことをするとその結果として良いことがあり、悪いことをするとその結果として悪いことがある、という通俗道徳である。なるほど人間社会にそんな傾向はある。善行をすれば、人に信頼されて仕事もうまくゆき、財産も殖《ふ》え家庭も円満になるだろう。悪行を繰り返せば、その逆が起きやすい。しかし、そうでないことなど新聞やテレビのニュースを見ればいくらでもある。同僚に慕われていた人が犯罪の犠牲者になり、強欲《ごうよく》な人が巨富《きよふ》を築いて豊かな生活を送っていることも少なくない。そうすると、「因果応報の法則」なるものが適用できるのは、社会のざっと九割、残りの一割は適用外、ということになろうか。しかし、誤差率が一割もある場合、それを法則とは呼ばない。仮にそれを法則と認めるとして、それなら、適用から外れた一割にはどんな法則が働いているのだろうか。

こんな疑問は、やはり科学的知識の有無にかかわらず、誰にも湧くであろう。ここから現世を離れた前世より続く「輪廻」という概念が発生してくる。仏教がこれについてどう考えるかは、少し後に節を改めて詳論しよう。

釈迦は縁起についてどのように述べているのか。釈迦の言う縁起とはどのようなものなのか。

釈迦は雑阿含経の中で次のように説く（阿含経典Ⅰ―九〇「法説義説」）。

比丘（出家者）たちよ、縁起とは何であろうか。比丘たちよ、無明《むみょう》によって行《ぎょう》がある。行によって識《しき》がある。識によって名色《みょうしき》がある。名色によって六処《ろくしょ》がある。六処によって触《そく》がある。触によって受《じゅ》がある。受によって愛《あい》がある。愛によって取《しゅ》がある。取によって有《う》がある。有によって生《しょう》がある。生によって老死《ろうし》・愁・悲・苦・憂・悩が生ずる。かかるものが、すべての苦の集積によって起るところである。比丘たちよ、これを縁によって起るとはいうのである。

このうち、ふり仮名を付けた「無明・行・識・名色・六処・触・受・愛・取・有・生・老死」を十二縁起（十二因縁）という。これらがそれぞれ原因となり結果となって人間の「苦」を生じさせているというのだ。これら十二縁起はいずれも仏教用語として難解だが、最低限の分かりやすい説明をしておくと、ざっと次のような意味である。

無明：無知。明るくないこと。迷妄の中にいること。
行：行為。物事がそのように為る力（業《ごう》）。
識：対象の識別（選別、好悪、差別につながる）。
名色：対象の名称とそれが現れている形。
六処：外界を受け取る六つの感覚の場所（眼《げん》・耳《に》・鼻《び》・舌《ぜつ》・身《しん》・意《い》）。
触：外界との接触。
受：六処、触による感受。
愛：妄執（現代的用法の「愛」ではない。これについては後に詳論する）。
取：執着（前項の愛と近縁）。
有：生存。
生：生まれ、生きる（前項の有と近縁）。
老死：老と死。

後世、仏教哲学の中で煩瑣で難解な概念に練り上げられるが、仏教入門者としては以上の簡単な説明でとりあえず足りる。むしろ詳しい理解より、大きくこの十二縁起を概観し、次の二つの要点を確実に把握しておかなければならない。

まず第一に、十二縁起は、前に例に挙げた迷信的な因縁話とはまったく無関係だということである。蛇を殺したから蛇女が産まれるという類いの俗信は、十二縁起からでてくるはずがない。

第二に、縁起論には、仏教的人間観・仏教的世界観が典型的に現れており、人間が外界を認識する仕方が述べられているということである。十二縁起論を概観すれば、人間が外界そのものより、それを認識する人間の側のあり方や仕組みに力が注がれていることが分かるだろう。ここには現代哲学にも連なる思考の一つの原形が現れている。

第一章のコラムでも触れたが、観念論とは表象の機能の本体である観念を重視する立場である。神秘主義や非合理的思考とは無関係であり、カントが天文学者でもあったように、観念論の哲学者の多くが、心理学者、数学者、物理学者などの科学者でもある。

我々は常識的に、科学とは人間の外界である世界を客観的に理解する知的作業だと思いがちであるが、ことはそのように単純ではない。例えば、うまい食べ物は、そのものがうまいのか、人間がうまいと思っているのか。饅頭《まんじゅう》は、人間はうまいと思っているが、猫にとってはうまいものではない。うまさは外界の物にあるのでもあり、味わう者の中にあるのでもある。このような場合、主観の側の観念のあり方を重視するのが観念論である。

十九世紀ドイツの哲学者ショーペンハウアーは、その主著『意志と表象としての世界』の第一章「表象としての世界」の冒頭をこう始める。

「世界は私の表象である。これは認識する者すべてに当てはまる一つの真理である」

ショーペンハウアーの哲学では、世界は客観的実在としてではなく、表象（そのように思い描かれている形）として存在する。これは極端な考えのように思えるが、重要な哲学的立場であるとともに、心理学や精神医学にとっても無視できない。哲学と心理学の両方にまたがる現象学は、まさにここを考察研究する学問である。このショーペンハウアーはカントの系譜を引きつつ、古代インドのウパニシャッド哲学の影響を受けている。ウパニシャッドが釈迦の思想と文化的土壌を同じくするものであることは言うまでもない。

さて、阿含経典に説かれた釈迦の言葉そのものに話を戻そう。先程の阿含経典は次のように結ばれる。

生の滅することによって老死・愁・悲・苦・憂・悩が滅する。

無明に起因する執着という生によって人間の苦しみが生まれる。その連鎖こそが縁起なのである。そしてこのような「生の滅」によって「苦」も滅するのである。縁起が以上のようなものであるならば、少し前に触れた「因果応報」の本来の仏教的意味も自ずと理解できるだろう。

俗に「果報は寝て待て」という。くよくよ心配することなく楽天的に構えていれば吉報が訪れるものだ、という開き直った冗談の処世訓である。この「果報」は「因果応報」のことである。因果応報には「善因楽果」と「悪因苦果」の二つがあるが、この楽果がさしたる善因もないまま寝てさえいれば転がり込んでくるというのだ。この俗諺《ぞくげん》が怠け者の自嘲として使われることが多いのは言うまでもない。

さて、それなら本来の善因とは何か。

善因は善根《ぜんごん》とも言われる。善い果実を生む善い根という意味であるから、同じことである。この善根（善因）には三つのものがある。

・無貪《むとん》（貪《むさぼ》らない）
・無瞋《むしん》（瞋《いか》らない）
・無癡《むち》（癡＝痴《おろ》かでない）

以上の三つである。これを「三善根」という。貪《とん》・瞋《しん》・癡《ち》を捨てること、すなわち、貪らず（欲望を押さえ）、瞋《いか》らず（外界に心を乱されず）、癡《おろ》かでない（迷妄を去る）ことが善根である。この善根が果報、すなわち苦を滅する「楽果」を実らせる。この反対の貪・瞋・癡こそ「苦果」の悪因である。

　要するに、因果応報は十二縁起を言い換えたものと考えればいい。

「涅槃《ねはん》」もこれに関係してくる。

　涅槃とはサンスクリットの「ニルヴァーナ」の音訳で、煩悩の火を吹き消した安らぎの境地のことである。「煩悩」は日常語としてもよく使う。心を煩《わずら》わせ悩ませる物事である。人間は煩悩によって正しい判断ができなくなる。煩悩の束縛から解き放たれて安らぎの境地に達することが涅槃である。

　俗に煩悩は百八あると言われ、大晦日の除夜の鐘を百八撞《つ》くのはこの煩悩を滅却するためであると説明される。習俗としてはその通りであるが本義ではない。煩悩は「三毒」といわれる「貪欲《とんよく》　瞋恚《しんい》　愚癡《ぐち》」のことである。これに否定の「無」を付けたものが先の「三善根」である。中でも愚癡は重要で、十二縁起の第一の無明のことである。真理に暗く無知迷妄であること（無明）、すなわち愚か（愚癡）である。

　要するに、十二縁起、三善根、煩悩（三毒）、涅槃は、同じことを言い方を変えながら説いているのである。

釈迦の死は「入滅」と言うが、涅槃とも言う。これは肉体から、また現世の束縛から解き放たれたという意味である。伝承によれば釈迦の死は二月十五日（歴史学上は実証されていない）ということで、この日（本来は陰暦）寺院では涅槃会《ねはんえ》が行なわれる。弟子や動物までも釈迦の死を悲しむ涅槃図は仏教美術のテーマとなっている。小乗仏教の仏像「寝釈迦《ねしやか》」は死して涅槃境に入った釈迦を表わしている。

実際の釈迦の死は極めて人間的なものであり何の神秘性もない。しかしそこがかえって心を打つ。ニカーヤの小部経典中の「淳陀《じゆんだ》」に次のように記されている（阿含経典Ⅵ―一一九）。

世尊は、鍛冶子《かじし》なるチュンダ（淳陀）の食を召された時、激しい病が起こり、赤き血がほとばしり出て、死ぬばかりの激しい苦痛を生じた。

釈迦は説法の旅の途中、弟子である鍛冶屋の息子チュンダから食事を受けた。しかし、高齢でもあり、旅の疲れもあり、食べ物を口にしてまもなく釈迦の身体に激痛が走り下血が起きた。それでも力を振り絞り弟子たちとともに次の説法の地クシナガラに赴き、伝承では沙羅《さら》双樹《そうじゅ》のもとで入滅した。渡辺照宏は『仏教』でこう言う。「八十歳の肉体は疲れはて弱りきっていた。そのうえに下痢と渇えははなはだしかった」。そんな釈迦が「なお活動をやめなかったということ自体が奇蹟である」。

コラム5　現代哲学と仏教

本文では、ショーペンハウアーが、仏教と思想的土壌を同じくするウパニシャッド哲学の影響を受けていることに触れたが、初期大乗の「唯識《ゆいしき》」思想とフッサール以後の現象学の近縁性を指摘する人も多い。また、唯物論の中でも最も体系的なマルクス主義を奉ずる人の中で、仏教に注目する廣松渉のような哲学者も出ている。マルクス主義は政治的イデオロギーという面も強く、その分、社会主義凋落と歩をともにし、この半世紀ほど思想的な停滞が著しかった。廣松はこれを打破するため、仏教にヒントを得た「事《こと》的《てき》世界観」を提唱した。物に依拠する唯物論ではなく、物と物との関係である「事」を重視したマルクス主義ということである。廣松の試みはさほど成功しているとは言えないが、その哲学的冒険の意義だけは評価しておきたい。

2　輪廻からの解脱

縁起と近似するのが「輪廻《りんね》」である。魂の連続・連鎖のことであり、卑俗な言い方をすれば生まれ変わりのことである。物事が連鎖して生起するという意味で輪廻は縁起に近似している。実際、輪廻を説明するのにしばしば縁起が援用される。縁起と違うのは、輪廻は連続・連鎖が「魂」に関わるという点である。

輪廻は、仏教の教理の中では極めて神秘的なものであり、その分、いかにも宗教らしい概念であるとも言える。そのため、仏教を神秘主義的に理解したがる人たち、すなわち伝統的教団やその信徒たる善男善女は輪廻を重視する。一方、仏教を哲学的に理解したがる人たち、すなわち知識人たちはあえて輪廻に目を向けず、これを論じようとしない。しかし、教理にまで踏み込んで仏教を理解し、批判すべき点は断固批判しなければ仏教の現代的再生はないと考える私は、輪廻についても根源的な検討をしたいと思う。

まず、仏教の基盤になった古代インド文明の中では、輪廻は広く信じられており、また苦悩の連鎖という否定的な意味を持っていたことを指摘しておかなければならない。我々は、輪廻を命や魂がその宿主を替えながら永遠に生き続けること、つまり「永遠の生命」という良い意味に使いがちである。しかし、それは時代も民族も異なる文化圏における受け取り方である。古代インド文明では、輪廻は繰り返し繰り返し「迷妄の苦しみの世界」に生まれ変わるという否定的な意味である。

この連鎖する苦悩の世界を「六道《ろくどう》」と言い、そこに生まれ変わっては苦しみの生を送ることが「六道輪廻」である。六道とは、六つの世界・境遇のことである。これは、三悪道と三善道から成る。三悪道は、地獄（さまざまな責め苦に苛《さいな》まれる世界）、餓《が》鬼《き》（飢えに苦しめられる世界）、畜生（動物として生まれて苦しむ世界）であり、三善道は、修羅《しゅら》（戦いや争いに明け暮れる殺伐とした世界）、人《にん》（人間の世界）、天（神々の世界）である。これが我々には理解しにくい。六道のうち三悪道は確かに苦しみの境遇と分かるが、三善道が理解しにくい。まず、修羅が善道に分類されているのが分からない。さらに、人《にん》と天が善道であるのはいいとして、それならそれらが大分類として苦しみの六道に入れられているのが分からない。おそらくここには当時のインド文明にあった現世否定・超越志向の社会観や習俗神話などが複雑にからんでいるのだろう。ともかく、その程度に違いはあれ苦しみの世界に人は生まれ変わり死に変わりすると考えられていた。これが輪廻である。

この苦しみの連鎖、輪廻から脱出することが「解脱《げだつ》」である。釈迦は、これを「迷妄からの脱出」と考えていた。当時のインド文明の中で生きる人々は、少しでも善き「道（境遇・世界）」に生まれ変わろうと一喜一憂していた。その執着《しゅうじゃく》、迷いを絶つことこそが解脱なのである。釈迦の思想はそのようなものであったと理解していいだろう。

雑阿含経に、「外道《げどう》（仏教以外の修行者）」でありながら釈迦のもとで出家したスシーマ（須尸摩《すしま》）の次のような話が出ている（阿含経典I―二四一「須尸摩」）。スシーマが釈迦のもとで出家することを許された時、既に出家していた先輩たちの次のような姿に接した。

比丘《びく》（出家者）たちが世尊（釈迦）の許《もと》に来たって、「われらは、〈わが迷妄の生涯は尽きた。清浄の行《ぎょう》はすでに成った。なすべきことはすでに弁じた。このうえは、もはや迷いの生涯を繰り返すことはない〉と知ることができました」と、最高智に達したことを申しあげた。

続いて、新参の出家者であるスシーマと先輩の出家者たちとの間で、次のような興味深い会話が交わされる。

「先輩の尊者たちは、いま世尊に、迷妄の生涯を繰り返さない最高智に達したと申されたが、それは真実なのか」

「友よ、そのとおりである」

「しからば、あなたがた尊者たちは、いろいろの神通力《じんずうりき》を得られたであろうか」

「友よ、そういうことはない」

「しからば、あなたがた尊者たちは、いろいろと前生のことを思い出すことができるだろうか」

「友よ、そういうこともない」

「それは、また何故であるか」

「友スシーマよ、わたしどもは智慧によって解脱したのである」

このスシーマは、実は釈迦の教えの秘法のようなものを盗もうと企みその本心を隠して弟子入りしたのであったが、一連の問答によって邪心を改め、釈迦に懺悔《さんげ》した。釈迦の教えに何の秘法のようなものもない。智慧によって解脱し、迷妄の生涯は尽きるのである。

釈迦が輪廻をどのようなものとして理解していたのかよく分からない。輪廻について特に説明していないからである。釈迦は、同時代のほかの修行者や思想家たちから神秘主義的な、あるいは形而上学的な質問を受けると、ほとんどそれには答えなかった。これを「無記《むき》」と言う。そのような煩瑣で空漠たる議論、すなわち「戯論《けろん》」を好まなかったからである。この釈迦の態度をもっともよく表わしているのが、中阿含経にある毒矢の喩《たと》えとして知られる箭喩経《せんゆきょう》である（阿含経典V―四四「箭喩」）。

修行中のマールンクヤプッタ（摩羅迦子《まらかし》）の心の中に、釈迦が次のような問題についてはっきりと説いてくれないという不満が生じた。すなわち、世界は永久に続くのか否か、世界には果てがあるのかないのか、人は死後になお存するのか存しないのか、霊魂と身体は同じであるのか、別であるのか、といった問題である。そこで、マールンクヤプッタは意を決してこれらの疑問を釈迦に問うてみた。すると、釈迦はこのように答えた。

マールンクヤプッタよ、わたしは〈来たれ、マールンクヤプッタよ、わたしのもとで清浄の行《ぎょう》をするがよい。さすれば、汝のためにこれらの問いについて説くであろう〉と言ったであろうか。そのようなことはない。そして、汝もそのようなことを求めて清浄の行をするとは言わなかったのである。

誰かある人が〈これらの問いについて世尊が説いてくださらないうちは清浄の行をしない〉と語ったとしよう。すると、それらのことが、わたしによって説かれなかったならば、その人はそのまま命終《みょうじゅう》しなければならないだろう。

それは、ちょうど人が毒を塗られた箭《や》を射られたようなものである。その箭を射た者がどの身分に属するか分からないうちはその箭を抜いてはいけないと言ったとしよう。あるいは、その弓の種類が分からないうちはその箭を抜いてはいけないと言ったとしよう。またあるいは、その弓の弦の種類が分からないうちはその箭を抜いてはいけないと言ったとしよう。またあるいは、その箭の羽根の種類が分からないうちはその箭を抜いてはいけないと言ったとしよう。その人はそのまま命終しなければならないだろう。

マールンクヤプッタよ、世界が永久に続くという見解がある時にも、また、それがない時にも、あるいは、世界に果てがあるという見解がある時にも、また、それがない時にも、やはり、生はあり、老はあり、死はあり、愁・悲・苦・憂・悩はある。そして、わたしは、いまこの現生においてそれを克服することを教える。

輪廻について釈迦が何と説いたか見当たらないのもこれと同じ「戯論」だからであり「無記」なのである。輪廻がどうであろうと、やはり、生はあり、老はあり、死はあり、愁・悲・苦・憂・悩はある。そして、その克服を釈迦は教えたのである。

しかしそれでも、輪廻が古代インド文明の中でどのようなものと考えられていたか、それを知りたいという欲望を現代人として我々は抑えることはできない。釈迦が、そして仏教が、輪廻をあるとするインド文明の中で生まれたことはまちがいないからである。

輪廻について我々が一番違和感を覚えるのは「輪廻主体」としての魂である。

魂とは、第一章第二節で述べたように「他ならぬこの私である私」という自我のことである。自分以外の自我が後世の誰かに生じても、それは輪廻ではない。誰にもそれぞれの自我があるに決まっているからだ。この私である自我が後世の誰かに生じるから輪廻になる。その輪廻主体としての魂が、よく理解できない。

仮に何か玄妙な仕組みによって輪廻が起きるとしよう。その場合、輪廻主体の総数、すなわち魂の総数は、人口のように増減するものなのか。もしそうなら、それは輪廻ではない。魂が増加するなら、その増加分はどこから生じたのか。魂が減少するなら、その減少分はどこへ消えるのか。肉体は滅びても魂は不滅だから輪廻があったはずである。そう考えれば、輪廻主体すなわち魂の総数は常に一定でなければならない。

次に、輪廻主体（魂）の転生《てんしょう》先である輪廻宿主《やどぬし》（身体）の総数という問題が出てくる。戦争や飢饉や天災があれば人口は減少し、同じ数だけ輪廻宿主すなわち身体の総数は減少する。すると輪廻宿主にあぶれる輪廻主体が出てくる。つまり空き家が見つからない魂である。こういう魂はどうなるのか。これは身体待ちと考えればいいかもしれない。空中にでも浮かんで身体があくのを待っているのだろうか。しかし、逆に平和や豊作が続いて身体の総数が増加した場合はどうか。今度は増加した数だけ魂が入らない空き家の身体が出現することになるだろう。魂は魂同士で増殖することはない（魂の総数は常に一定）から、空き家の身体はずっと空き家のままである。さらに、その魂の入らなかった身体が死んだらどうなるのだろうか。

このように疑問は尽きない。輪廻宿主すなわち身体を動物や植物に拡大すれば問題は解決するかに思えるが、旱魃《かんばつ》や洪水や山火事や疫病などによる動植物の個体数の増減も常にあるのだから、問題は少しも解決しない。

釈迦がこの程度の疑問を持たなかったとは思えない。恐らくは、インド文明の中に広く深く強固に存在する輪廻思想をことこまかにくだくだしく批判する（戯論）のではなく、輪廻をも含む一切の迷妄からの解脱を説く道を選んだのだろう。

興味深いことに、釈迦が説かなかった輪廻主体とその転移（転生）について、釈迦入滅二百二十余年後の『ミリンダ王の問い』（この前半の思想的中核部分が「那先比《なせんび》丘経《くきょう》」となっている）にかなり詳しく述べられている。平凡社東洋文庫版に現代語訳と解説が収められているので、それに基づいて紹介してみよう。

インドではマウリヤ王朝（BC三一七〜BC一八〇頃）の崩壊の前後、西北部にギリシヤ系勢力が侵入し、いくつかの王朝が成立した。その王の一人がミリンダ王（弥蘭陀《みらんだ》王《おう》、ギリシャ語でメナンドロス王）である。ミリンダ王は統治者としてのみならず知識人としても優れており、インド文明に対しても強い知的関心を持っていた。学僧ナーガセーナ（那先比丘）との対話『ミリンダ王の問い』もこうして成立する。

この対話は次の二点において我々の強い関心を引く。一つは、この対話が行なわれたBC一六〇年頃が、釈迦入滅後まだ二百年余りしか経っていない時代だったという点である。第二章第二節で述べたが、釈迦入滅の後百年ほどして上座部と大衆部の「根本分裂」が起き、それがさらに百数十年後に小乗と大乗という二大潮流の分立につながる。ミリンダ王の時代は、根本分裂を経ていながら、まだ小乗大乗分立には至らない時代である。つまり、夾雑物《きょうざつぶつ》が混じった後世の煩瑣《はんさ》な仏教と違い、釈迦その人の直説《じきせつ》がそれなりに記憶されていた時代だということである。もう一つは、ミリンダ王の質問に見られる思考方法が我々にはなじみがあるという点である。明治以後西洋文明を受け入れて一世紀半を閲《けみ》した我々は、むしろギリシャの知識人の抱く疑問に共感を覚えるのである。

さて、そのミリンダ王とナーガセーナの対話でどのようなことが論じられているか。残念ながら輪廻の意義、根拠、実証については論じられていない。しかし、輪廻の主体たる自我とその転移については論じられている。というのは、仏教では「無我」が説かれるが、そうだとすれば輪廻と矛盾しないか、という疑問が当然生じるからである。『ミリンダ王の問い』第一篇第二章では輪廻主体について次のように論じられる。

ナーガセーナはミリンダ王に問う。「大王よ、例えばある人が灯火を点じた場合、それは夜通し燃えるでしょうか」。ミリンダ王は「尊者よ、そうです。夜通し燃えるでしょう」と答える。ナーガセーナはさらに問う。「大王よ、それでは夜の初めの炎と夜更けの炎と夜の終わり頃の炎とはそれぞれ別のものなのでしょうか」。ミリンダ王は答える。「尊者よ、そうではありません。同一の〈灯火〉に依存して炎は夜通し燃え続けるのです」。そこでナーガセーナはこう説く。

「大王よ、事象の連続はそれと同様に継続するのです」

炎というものは「現象（状態）」である。炎は燃焼ガスや炭素微粒子という物質の集まりではあるが、炎そのものは炎という現象であり、それは時々刻々変化して継続している。自我もこれと同じで、実体ではなく現象、すなわち「物」ではなく「事」なのである。そうであれば、無我であるからこそ輪廻もありうるということになる。

輪廻主体の転移（転生）については、第一篇第五章で同じような灯火の喩えで説明されている。

ナーガセーナはミリンダ王に説く。

「大王よ、ある人が一つの灯火から他の灯火に火を転ずる場合に、灯火が一つの灯火から他の灯火へ転移するのですか。そうではありません。それと同様に、一つの身体から他の身体に輪廻の主体が転移するのではなく、しかもまた生まれるのです」

「大王よ、あなたが幼かった時、師のもとで詩を学んだことを覚えておられるでしょう。その詩は、師からあなたに転移したものなのですか。そうではありませ ん。それと同様に、一つの身体から他の身体に輪廻の主体が転移するのではなく、しかもまた生まれるのです」


輪廻の主体と転移について譬喩の形でかなり巧みに説いている。しかし、輪廻そのものの根拠、仕組みには答えたことにはならない。ナーガセーナにしてなお輪廻の十分な説明をしてはいない。やはり、当時のインド文明の中では輪廻は強固に自明のことと考えられていたのだろう。ミリンダ王の属するヘレニズム（ギリシャ）文化においても、インド的な意味づけではないにしても、輪廻転生がそれなりに信じられており、それ故に質問が発せられなかった可能性もある。しかし、輪廻の克服、すなわち解脱についてはナーガセーナは明確に説いている。繰り返して確認しておくが、輪廻は「永遠の生命」という良い意味ではなく、「苦しみの生の連続」という悪い意味であり、その超克が課題になる。

ミリンダ王は問う。「尊者よ、あなたは次の世に生を結びますか」。ナーガセーナは、ああ、まだ分からないのかと、やや苛立《いらだ》ちを見せながらこう答える。「大王よ、おやめなさい。私は既にこう言ったではありませんか。もしも私が〈生存に対する執着《しゅうじゃく》〉を持っているならば、次の世に生を結ぶことでしょう。またもしも執着を持っていないなら、次の世に生を結ぶことはないでしょう、と」

まさしく前節「縁起論」で説明したように、「執着の生」を脱することが輪廻の克服なのである。

執着の根源にあるのは、「無限に永続する自我」という迷妄である。それはまた「他ならぬこの私である私」という自我、すなわち「魂」である。それは今の対話にすぐ続く対話で明確に否定される。

ミリンダ王は問う。「尊者ナーガセーナよ、霊魂の存在は認められますか」

ナーガセーナは答える。「大王よ、勝義《しょうぎ》（最高の意義）においては、霊魂の存在は認められません」

すべては縁起によって連続して生起する「事」であり、実体としての自我も霊魂もなく、すなわち「無我」なのである。

コラム6　「仏陀」が再誕する？

「幸福の科学」という新興宗教団体がある。そこの大川隆法総裁は歴史上の宗教家や偉人の霊を呼び出して「霊言」なるものを語る。二〇〇九年には『仏陀再誕』という映画を製作上映している。これはそもそも論理的に成り立つはずがない。釈迦は仏陀となって苦悩の輪廻から脱したのであり、再誕したらそれは仏陀ではない。これは単純かつ明快な論理問題である。この大川総裁は他にもおかしなことを説いている。「人間の精神活動には、感性、知性、理性、悟性という四つの作用があり、この悟性とは霊的直感能力である」と言う。霊的能力なるものが有るか無いかはそれこそ宗教的な問題になって論理的には決定しにくいが、「悟性が霊的直感能力でない」ことは明快に論理的な決着がつく。悟性とは「理解力」のことである。なぜならば「悟性」は understanding を明治時代に翻訳した語だからである。大川総裁はこの語の翻訳者である西周などの哲学者の霊を呼び出して聞いてみればいい。

コラム7　キリスト教と輪廻

キリスト教には仏教の土壌となったインド文明のような輪廻思想はない。コラム「釈迦」のところでも述べたように、インド文明では時間を循環的にとらえ、キリスト教では時間を直線的にとらえているからだろう。キリスト教では、人間は死後、いつか来る最後の審判を経て、良い魂は神のもとで再度肉体を得て復活 resurrection し、悪い魂は虚無に帰す、あるいは地獄に墜ちる、としている。しばしば英語の reincarnation を

「輪廻転生」と訳すことが多いけれど、これは単に「誰かの魂が別の肉体に入る」という意味であり、輪のように廻って転生するという意味はない。

3　無我という難問

前節の最後に、仏教では実体としての自我を認めず、「無我」の立場だと述べた。これについてもう少し詳しく論じておこう。というのも、これが仏教とその土壌になったインド伝統のウパニシャッド哲学とを分かつ重要な点だからである。

インドには現在のヒンドゥー教にまで至る広汎《こうはん》な土俗宗教がある。その中核をなすのがウパニシャッド哲学である。この「ウパニシャッド」とは「秘義・秘説」という意味で、ウパニシャッド文献には「梵我一如《ぼんがいちによ》」の秘義が説かれている。「梵（ブラフマン）」とは「大我《たいが》」とも訳され、宇宙全体の究極的原理といったところである。「我（アートマン）」は文字通り「我」であり、人間一人一人の自我である。これは大我と対比して「小我」とも訳される。すなわち、「梵我一如」とは「大我と小我を一つにする」こと、宇宙全体の原理と自我とを合一させること、という意味である。これを仏教は否定したのである。なぜならば、恒常不変の自我への執着こそが「無明《むみょう》」を生むからである。

この「無我」は仏教において極めて重要な思想であるにもかかわらず、いや極めて重要な思想であるからこそ、仏教史の展開において難問を抱え込むことになる。すぐ後で詳しく述べるが、第一に、覚りの主体に関わるからであり、第二に、否定したはずの梵我一如（宇宙と自我の合一）の思想には抗しがたい魅力があることであり、第三に、「自我の時代」である現代に仏教は何を訴え得るかが問われることになるからである。

まず、釈迦が無我についてどう語ったかを阿含経典によって見ていこう。

雑阿含経に釈迦の言葉が次のように述べられている（阿含経典Ⅱ—七六「等観察」）。

比丘《びく》たちよ、ある沙門《しゃもん》や婆羅門《ばらもん》（三者はいずれも修行僧と考えればよい）たちは、いろいろの考え方で、我というものがあると考えている。例えば、五蘊《ごうん》（肉体、感覚、表象、意志、意識。人間を構成する五つの要素）もしくは、その一つにおいてそう考えるのである。そこに〈我あり〉と考えているのである。〈我あり〉との考えを抱く者は、五根（五つの感覚器官）にはまり込んでいるのである。すなわち、眼根《げんこん》・耳根《に》・鼻根《び》・舌根《ぜつ》・身根《しん》にはまり込んでいるのである。無明が対象に触れて感覚が生ずる。そこでは五根が頑張っているのである。だが、よく教えを聞いた聖なる弟子たちは、無明が消え去り、智が生ずるが故に、もはや、〈我あり〉との考えは生じない。〈これが我だ〉との考えも起こらない。

また、雑阿含経には無我を詠《よ》んだ釈迦の偈《げ》（詩句）が収められている（Ⅱ―九五「優陀那」）。

世尊は、次のような感興《かんきよう》の偈を口ずさまれた。

「我というもののなかりせば
我がものとてはなかるべし
我というものはなかるべし
我がものとてはなかるらん
比丘がもしそのように確信するならば、彼はよく、人をこの世に結びつける束縛を絶つことができるだろう。

実体のない我に執着することが煩悩を生む。それがさまざまな束縛を生じさせる。その無明を消し去るのが智であり、覚りなのである。

後の大乗仏教では「三法印《さんぼういん》」ということが言われる。

諸行無常（あらゆる現象に恒常的なものはない）

諸法無我（あらゆる存在に不変の本質はない。この場合、「法」は「存在」、「我」は「本質」といった意味）

涅槃寂静《ねはんじやくじよう》（煩悩の炎を消滅させれば安らぎの境地へ至る）

小乗仏教ではこれと少し違い、次のように言われる。

諸行無常（同前）

諸法無我（同前）

一切皆苦《いっさいかいく》（煩悩の世においてはすべてが苦である）

大乗仏教では両者の差を重大なものと言い立てるが、さして大きな違いがあるようには思えない。実質的に同じことを述べている。

釈迦が無我を説いたのはいいが、ではその無我を覚る主体は「我」ではないのか。当然起きる疑問であり、前田専學らは伝統的な他学派から批判が起きたことを指摘している。先に述べた輪廻主体に類似する難問である。

同様の問題は、仏教以外に儒教においても生じる。『論語』顔淵《がんえん》篇の冒頭第一章に次の言葉がある。

克己復礼為仁（己れに克《か》ちて礼に復《かえ》るを仁と為す）
為仁由己（仁を為《な》すこと己れに由《よ》る）

朱子学で重視される一節である。ここに二つ「己」が出てくる。同じ言葉でありながら意味が違っていることは明白である。朱子は『論語集註《しっちゅう》』で「克己」の己は「私欲・人欲」であり、「由己」の己は「心之徳」すなわち天理の実践主体であるとする。

要するに「人欲の己」を「天理の己」が克服するのである。現世主義的な支那文明を背景に生まれた儒教では、抽象的議論を好まず、哲学というより社会倫理の枠内で結論を出すことが多いので、この解釈で特に問題はない。しかし、仏教は、数学の0を発明するような抽象的な論理構成を得意とするインド文明を土壌に生まれた。ここでは「我」そのものを哲学的に問うているわけだから、当然議論も起きるのである。

しかし、釈迦は朱子と同じように平易な実践の論理で、覚りの主体としての我を説明する。長阿含経には、釈迦が自分の従兄弟であり十大弟子の一人でもあったアーナンダ（阿難陀）に語った次のような言葉がある（阿含経典Ⅲ―一九一「遊行経」）。

アーナンダよ、このようにして、比丘は、自己を洲《す》とし、自己を依処《よりどころ》として、他人を依処とすることなく、法を洲とし、法を依処として、他を依処とすることなくして住するのである。

ほぼ同じ言葉が他の比丘たちに語られたことは、雑阿含経（阿含経典Ⅱ―六六「十六比丘」）にも見える。

釈迦も「無我である我」と「洲（島）のように依処となる我」を区別しているので

ある。これを「自灯明《じとうみょう》、法灯明《ほうとうみょう》」と言う。自灯明とは「他人を洲とせず、自己を洲とする」ことであり、法灯明とは「他を洲とせず、法を洲とする」ことである。「洲」を「灯明」とするのは、両語はパーリ語では同音の「ディーパ」となるので漢訳時に誤訳されたものらしい。しかし、これはこれでちゃんと意味を成すところが面白い。

さて、そうであったとしても、自灯明としての自己（覚りの主体としての我）は無であるのか無でないのか。この疑問は消えないし、他学派はこれを批判するはずである。釈迦はおそらくこれをも「戯論《けろん》」として退けるだろう。これへの答えは、支那において極めて特異な発達を遂げた禅宗に俟《ま》つしかあるまい。簡単に言えば、無我であることさえ意識しない無我ということだが、この思考方法は荘子《そうじ》に源を発している。これについては禅宗を論じたところで再説しよう。

釈迦は実体のない「我」への執着から覚めよ、と説いた。しかし、第一章で述べたように、そもそも宗教は「有限な存在である我」への不安から始まっている。人は誰もが「無限にして恒常不変の確固たる我」を求める。それに応えて、ある宗教は、神に許しを求めて帰依せよ、と教え、またある宗教は、神に捧げ物をしてご機嫌をとれ、と教え、またある宗教は、神のもとで修行を積み能力を高めよ、と教える。そうすれば、病気が癒え、幸運が訪れ、永遠の生命が得られる、というわけだ。いわば、有限の我を無限の我に変じさせ、実体のない我を恒常不変の我にしてくれる、というのである。だが、仏教の説くところはこれと正反対である。我はそもそも有限であり、我はそもそも実体がない、と説くのだ。

これでは文字通り「救いがない」。救いを求める衆生《しゅじょう》（民衆）に応《こた》えて、仏教の一部は仏教が自ら否定したはずの梵我一如に回帰して行く。大乗仏教の一派である密教や曼陀羅《まんだら》には、全宇宙の究極原理と我の融合、すなわち梵我一如の思想が明らかに読み取れる。梵我一如は衆生にとって抗しがたい魅力を持っている。かくして妥協と迎合が仏教の重要哲理からの後退を生じさせたのである。

現代は「自我の時代」である。自己を確立し、強く自己主張することが求められている。そんな時代に、無我を説くことができるだろうか。無我を説くことに意義があるのだろうか。それが困難であり意義がないとしたら、仏教の最重要な哲理であろうともこれをなげうってしまってかまわないのだろうか。むろん、そんなはずはない。

むしろ逆に自我の時代の病理を指摘できるのは仏教なのである。これについては仏教の現代的意義を論じる最終章で詳しく述べることにしよう。

4　苦行の否定

仏教では覚りに至る方法として「中道」が説かれる。仏教ではと断ったのは、仏教の土壌となったインド宗教の中には激しい苦行を覚りへの道とするものが少なくなかったからである。現在でも、インドには自らの肉体を傷つけるような厳しい難行苦行に励む宗教者がいる。苦行によって肉体と現世を克服した超越的存在となり、神通力や天眼通《てんげんずう》などの超能力も獲得できると、彼らは信じている。釈迦自身、若い頃、厳しい苦行に励んだ。その姿は有名なガンダーラ仏の「釈迦苦行像」に見ることができる。しかし、釈迦は苦行は無意味であるとして、苦行をやめる。そして智慧による覚りを説く。

釈迦の苦行の放棄で重要な点は、それに耐えられないからやめるとか、多くの人には不向きな方法である、といった消極的なものではなく、本質論として苦行を否定しているところである。苦行は迷妄を絶つためには見当違いな行為であり、それどころか、苦行自体が一種の執着であるとして、積極的に苦行を否定したのである。肉体の愉楽を求めるのでもなく、肉体を苦しめて肉体を忘れるのでもなく（「不苦不楽」）、清浄の行を成し智慧によって解脱する道を歩むのである。これを「中道」という。

阿含経に釈迦の言葉を見てみよう。

雑阿含の「悪魔相応《そうおう》」に次のような話がある（阿含経典Ⅳ―一一八）。

正覚《しょうがく》を成就したもうた時、世尊は、ただ一人坐し、静かな思索のうちにあって、次のような思いをなしたもうた。

「ああ、私は、あの何の利益もない苦行から離れてよかった。ぴたりと正念《しょうねん》に住して、悟りを得ることができて、本当によかった」

その時、魔羅《マーラ》（悪魔）が語りかけた。

「苦行を離れざればこそ
若き人々は清めらるるなり」

世尊は、これは悪しき魔羅であると知って答えて仰せられた。

「いかなる苦行も
利をもたらすことなしと知った。
私は、戒と定《じょう》と慧《え》とにより

この悟りの道を修めきたって
ついに無上の清浄へといたった」

この悪魔のささやきは、伝統的な宗教から離反した釈迦のいくぶんの後ろめたさ、内心の葛藤の神話的表現であったのかもしれない。また同時代の苦行者からの悪意ある批判の象徴的表現であったのかもしれない。釈迦自身かなり挑戦的に苦行を否定しているようにも見えるからである。

雑阿含経の「聚落主相応《じゅらくしゅ》」には釈迦が苦行者を罵るとしたこんな話がある（阿含経典Ⅲ―一二三）。

世尊はこのように語られた。

「村の長《おさ》よ、〈沙門ゴータマ（出家者釈迦）は、すべての苦行を非難し、すべての粗野なる生活をする苦行者を、徹底的に誹《そし》りののしる〉と、そのように語る人々は、まさしく、私の考えた通りに語っているのであって、決して、非真非実をもって、私を誤り伝えているのではないのである。

村の長よ、出家したものは、これらの二つの極端に親しみ近づいてはならない。

その一つは、欲望の楽しみに耽《ふけ》ることであって、下劣、卑賤であって凡夫のなすところである。聖にあらず、道理にもあわない。その二つは、自らを苦しめることに専念することであって、それはただ苦しいだけであって、聖にあらず、道理にもあわない。村の長よ、如来は、このいずれの極端にも趣《おもむ》かずして、中道を証《さと》ったのである。それは、目を開き、智を生じ、寂静《じやくじよう》・証智・等覚《とうがく》・涅槃に導く」

楽しみに耽るのでもなく、苦行に浸るのでもない、その中道とはどのようなものか。この説法に続いて、釈迦は中道を構成する「八正道《はつしようどう》」を説く。

「中道とは何であろうか。それは聖なる八支の道である。すなわち、正見《しようけん》・正思・正語・正業《しようごう》・正命《しようみよう》・正精進・正念・正定《しようじよう》である」

これは、正しい見解、正しい思惟、正しい言葉、正しい行ない（業）、正しい生活（命）、正しい努力（精進）、正しい一念、正しい精神安定、ということである。

私なりに敷衍《ふえん》してみよう。

苦行の論理とは次のようなものである。本章第一節の縁起論のところで述べたように、六処すなわち六つの感覚（眼・耳・鼻・舌・身・意）が欲望の迷妄の源となっているならば、それを絶てばよい、とするのだ。しかし、六処は十二縁起の途中の一段階にすぎないし、苦行にはまたその六処への執着があり、六処のみにこだわることは誤りである。縁起や理法そのものを覚るには、苦行は無意味有害なのである。

また、第二節で輪廻について述べた時、外道スシーマと出家者との間でこんな会話が交わされていたことを思い出していただきたい。迷妄の生涯を繰り返さない最高智に達することこそが解脱であり、そのことによって神通力を得るとか、前世のことを思い出す力を得るとかいうことはない、と、釈迦やその弟子である出家者たちは明言していた。スシーマは苦行によってそのような超能力を獲得すると称する苦行者をおぜい見てきたのであろうか。スシーマは釈迦のもとに何か秘法めいたものを盗みに来たのであった。

釈迦の説く修行は、誘惑を退け、精神を一にするためのもの、すなわち八正道であった。

コラム8　「浄肉」という問題

釈迦が否定したのは、感覚そのものを絶ってしまう苦行である。このことと修行・戒律の一般的否定とを同一視してはならない。どんな宗教にもなんらかの修行・戒律は必ずある。仏教においても八正道があり、それに則《のっと》った修行も戒律もある。しかし、それに何の問題もないかといえばそうではない。ここで一つだけ取り上げておきたいのが「浄肉」である。

仏教では本来「肉食《にくじき》」は戒律によって禁じられている。同時に、修行者は、物欲や名誉欲を捨てるために、布施を受ける托鉢に出る。食事はどんな粗末な布施であろうと、それだけで済まさなければならない。しかし、もし布施で受けた食べ物の中に肉食品（獣肉、魚肉、さらに鰹節のような魚肉由来のスープも）が含まれていたらどうするのか。ここで浄肉という論理操作が行なわれる。自分がその殺生に直接関わっていない肉を布施で受けた場合は、それを浄肉として認めるというのである。これは実は「肉食」だけにとどまらないはずである。

金銭の布施はどうなのか。売春婦が売淫で稼いだ金を布施した場合、強盗が人を殺して奪った金を布施した場合、その金のどこにも邪淫や殺生のしるしはない。金はどのように汚らわしい一万円でも常に一万円である。金は抽象的に価値を表わしているだけだからである。そうすると金銭の布施は浄肉の論理をもっと徹底していることになる。

修行・戒律についてはこれ以外にも考えなければならないことは予想外に多い。

第四章　仏教の発展と変容

1 「覚り」と「慈悲」の葛藤

釈迦の金口直説《こんくじきせつ》の仏典である阿含経典を概観してみると、釈迦の説いたことは基本的に第三章で述べた四つだということが分かる。

一、縁起論
二、輪廻からの解脱
三、諸行無常、諸法無我
四、不苦不楽の中道

この四つである。むろんここから派生した細々とした教えはあるけれど、大きくこの四つだと考えて間違いはないだろう。

それなのに後世の仏教でさまざまな教派教団が分立し、さまざまな教義経典が成立するようになったのはなぜか。第二章第二節でも述べたように「梵天勧請」に現れている釈迦自身の矛盾が顕在化したものである。その矛盾とは、簡単に再説すれば、次のようなものであった。

釈迦は人類の中で唯一人、真理を覚った。愚かな衆生（民衆）はとうていその真理を受け入れることはできないだろう。それ故、釈迦はその真理を人々に説くまいと思った。その姿勢はエゴイストそのものにさえ映る。しかし、それでは真理は釈迦一人の胸のうちに秘匿され、釈迦一代の命とともに永遠に失われてしまう。梵天はそこで釈迦に勧請する。哀れな衆生のためにこそ真理は説かれるべきである、と。

ここに「慈悲」という概念が出てくる。覚りの当初、釈迦の心の中に慈悲はない。それどころか、無慈悲なまでに真理を独占しようとしている。ところが、慈悲の心によって衆生という哀れな存在が釈迦のうちに取り込まれるのである。末木文美士《ふみひこ》は、ここに仏教における他者の意味づけを、ひいては倫理思想との通底を読み取る。それはそれで示唆に富む指摘である。しかし、そうであっても「覚り」と「慈悲」の葛藤は解決されたわけではない。釈迦という一個の人格の中でたまたま統一されているだけである。

むしろ、この梵天勧請の中に人類史上の永遠のテーマである「知識人と大衆」論が既に原形として現れていることが興味深い。統治論、指導者論、啓蒙論、学問論、教育論……、すべてこのバリエーションだと言ってよい。仏教史においてもこのテーマは繰り返しよみがえり、仏教を変容させてゆく。

そもそも、仏教は本来極めて理知的な宗教であって、教義が神話によって構成されている部分が少ない。梵天勧請に梵天が登場するけれど、これは「衆生の要請」を擬人化した象徴表現であり、梵天以外の神をここに当てはめても成立する。釈迦出生の奇瑞《きずい》は釈迦出生を荘厳《しょうごん》するための神話表現であって、仏教哲学の本質部分ではない。これがキリスト教の場合は、そうではない。全体が神話という物語によって構成されている。神が万物を創造し、人間は罪を犯し、イエスが磔刑によってその罪を償う、というすべてが神話（物語）であり、論理的検討はそもそもありえない。これを信ずるか否かが一切である。万巻の書物を読んだ神学者より、無学でもただイエスを信じる農夫の方が救いに近い。無学な農夫どころか、知能に障害のある子供でもイエス像の前でただ無心に微笑むだけで救いはある。しかし、仏教ではそうでない。「智慧による解脱」を目的とするからである。

このように理知的な宗教であることは、宗教としては決定的に弱点となっている。宗教として広汎な人々の信仰を得るには、感動的で分かりやすい物語である神話を教義とした方が有利に決まっている。

それだけではない。第三章で「諸法無我」を論じた時に指摘したように、仏教では、人間が有限の存在であることを覚ることで「涅槃寂静」すなわち安楽な境地に達する、とする。しかし、衆生が宗教に求めるものは、全く逆の恒常無限の我である。衆生は、自らが有限の存在であることに不安を感じ、無限の存在に憧れている。それを、仏教では「執着」「妄執」として否定しているのである。

ここに「諦《てい》」という概念が出てくる。

「諦」を普通我々は「あきらめる」と読む。訓読みとして、それで間違ってはいない。「甲子園大会出場を諦める」「叶わぬ恋だと諦めた」などと、ごく当たり前に使う言葉だ。「あきらめる」とは、自分の資質・能力などに限りがある（有限）と覚り、断念する、ということである。英語ではgive upにあたるが、日本語の場合は、断念に伴う哀切感が強く、一種の運命論の趣きがある。背後に宗教があるからである。この宗教とは、もちろん仏教である。

しかし「あきらめる」という言葉には、本来、断念するという意味はない。読み方から分かるように「明らめる」すなわち、真理を明察し、真実を明示し、すべてが分明になる、ということである。その真理・真実とは、諸行無常であり、諸法無我であり、涅槃寂静である。

漢字の「諦」にはそれがはっきりと表わされている。「諦」は「明らかにする・詳《つまび》らかにする・理解する」という意味であり「断念する」という意味はない。これを、断念するという意味で「あきらめる」と読むのは、日本の文化風土の中で生じた日本語特有の読み方である。

「諦」はサンスクリットの「サッヤ」（真理）を漢訳したものである。真理を「明らめる（明察する）」からこそ「諦」なのである。

諦を何種か列挙したものがある。最も有名なのは次の「四諦《したい》」である。釈迦が最初の説法（初転法輪《しょてんぼうりん》）で説いたものとされる。

苦諦《くたい》（迷妄の生は苦であることの明察）
集諦《じったい》（苦の因は執着であることの明察）
滅諦《めったい》（執着の滅却が理想の境地であることの明察）
道諦《どうたい》（苦滅への正しい道を歩むべきことの明察）

諦が断念という意味でないことは明らかである。

第二章で、本書では「さとり」を「悟り」ではなく「覚り」と用字するとした。「悟り」も本来は「理解する」という意味で「断念する」という意味はないのだけれど、日本の文化風土の中でネガティブな語感を帯びるようになった。それを避けるため、「目覚める」という積極的な語感のある「覚る」を使うことにしたのである。

「覚る」とは「目覚める」ことである。

「諦める」とは「明察する」ことである。

これが仏教本来の意味である。

しかし、そうではあるのだが、ことはそううまくは行かない。なぜならば、真理に目覚めることはつらく、真理は明察して受け容れるには峻烈だからである。人は真理に目覚めるよりはまどろみの安逸を好み、峻烈な真理を凝視するよりはそれから目を背ける。

ここに仏教の抱える重大かつ根元的な難問がある。

仏教はこの難問を克服しなければ発展してゆくことができない。それは半面から見れば、難問を回避し、仏教の教理を変容させれば、世俗的な発展ができるということでもある。結果的に仏教はこの道を選んだ。仏教は釈迦本来のものとは違った宗教になりながらアジア各地に広がっていった。

本章では仏教の変容を見ていきたい。

2　在家の出現

これまで「沙門《しゃもん》」「比丘《びく》」などを漠然と「僧侶」としてきた。しかし、これは現代日本人が考える僧侶とは大きく違っている。沙門、比丘は「出家者」なのである。家を出、家族を捨てているのだ。

我々は、僧侶が家族を持つことを少しも不思議に思わない。しかし、これは近代以後の日本特有の現象である。江戸時代には寺院法度《はっと》で肉食《にくじき》とともに妻帯が僧侶には禁止されていたし、仏教の側でも当然の戒律として妻帯を禁じていた。実際には古く平安時代半ばからこの戒律はなし崩し的に守られなくなっていたのだが、それでも公的にはこの戒律は厳存していた。江戸時代には、教義で妻帯が認められている浄土真宗以外の宗派の僧の妻帯が罰せられた例もある。支那や韓国の仏教界では今も表向きには妻帯が禁じられている。僧侶には本来家族はない。僧侶とは家を出た者、出家者なのである。

「僧」という漢語はサンスクリットの「サンガ」の音訳で、より原音に近く「僧伽《そうぎゃ》」

と表記されることもある。サンガとは、集団、群れ、といった意味で、家族を離れて修行者同士で集団生活をする人たちのことである。これに「仲間」の意味の「侶」を加え「僧侶」とも言う。「僧侶」は一語の中に「サンガ」の原音と意味を併存させている。

そもそも仏教の開祖である釈迦が出家者である。

釈迦は、BC四六三年、インド北部の小国の王子として生まれた。父は浄飯王《じょうぼんのう》（シユッドーダナ）、母は摩耶夫人《まやぶにん》（マーヤー）という。伝承によれば摩耶夫人は釈迦を産んで七日後に亡くなり、浄飯王は摩耶夫人の妹、摩訶波闍波提《まかはじゃはだい》（マハープラジャーパティー）を後添いとして迎えた。釈迦はこの養母によって育てられる。幼時に生母を亡くしたことが、釈迦の人格形成に大きな影響を与えたことは想像に難くない。この世の恒常性への懐疑、人間の有限性の自覚は、この頃既に芽生えていたのだろう。一方、両親は世継ぎである釈迦のために十分すぎるほどの教育環境を整えて愛育した。釈迦は十六歳の時、耶輸陀羅《やしゅだら》（ヤショーダラー）を妃として娶《めと》った。二人の間には子供ができるが、それを機に釈迦は家を出るのである。しかも、その子供の名前を羅睺《らご》羅《ら》（ラーフラ）と名付けて。

ラーフラとは「障《さわ》り、束縛」という意味である。この子供は、自分が覚りの道を歩む上において障碍《しょうがい》になり、束縛になるという含意である。古代インドの天文学においては日蝕や月蝕は蝕魔が太陽や月の光を妨げてできると考えられていた。その蝕魔をラーフラと言い、漢訳されて「羅睺《らごう》」「羅睺星《らごうせい》」となった。釈迦はそのようなおぞましい名前を我が子に付けた。つまり、子供は、ひいては家族は、覚りの妨げであるということである。

まことに身勝手なまでの、家族なるものへの不信であり、嫌悪である。家族になんらかの落ち度があるのならともかく、釈迦の両親にも、妻にも、まして子供には何の落ち度もない。それをかくも強く拒む身勝手さは、常識的な社会倫理を超えており、それ故にこそ人々を圧倒する不条理な魅力がある。釈迦が宗教的、思想的な天才である所以だろう。

釈迦のこの身勝手さは、無慈悲にさえ感じられる。自らの覚りのためには平然と家族を捨て、自分が妻に生ませた子供を光明を遮る蝕魔とさえ名付けるのだから。これが前にも述べた梵天勧請における釈迦のエゴイスティックな姿勢に通じるのは言うまでもないだろう。

宗教に現世利益か常識的な人生訓を求める人たちは、この釈迦の真の姿に眼を背けるだろう。仏教の歴史は釈迦のこの姿をオブラートに包む歴史でもあった。また近代人も近代的倫理観からこの釈迦の姿を拒むだろう。

しかし、近代以前、むしろこの真の釈迦の姿はかなり正しく認識されていた。「子煩悩」という言葉がある。子供を深く愛することの伝統的言い回しだが、現代でもよく使う。ここに「煩悩」（覚りを目指す者を煩《わずら》わせ悩ませる）というネガティブな言葉がついている。これは釈迦が自分の子供を「ラーフラ（羅睺羅）」と名付けたのと同じ意味合いである。この言葉の表現は近代的倫理観からは遠いが、真実を衝《つ》いているし、釈迦の姿にも近い。

万葉歌人山上憶良は広く親しまれ、学校の古文の授業でも必ず取り上げられる。とりわけ次の歌は小学生でも知っているほど人口に膾炙《かいしゃ》している。

「銀《しろがね》も　金《くがね》も玉も　何せむに　まされる宝　子にしかめやも」

意味は「銀も金も宝石も何になろう。こんな優れた宝物も子供に較べることができようか」であり、子供を讃え、子供への愛を讃えた名歌として知られる。それで間違いではない。間違いではないけれど、この歌の前に次の言葉書きがあることは専門家以外あまり知られていない。

「至極の大聖すら、なほ子を愛したまふ心あり。況《いは》むや世間の蒼生《さうせい》、誰か子を愛さざらめや」

この「愛」を良い意味にとってはならない。愛については後に詳しく述べるけれど、仏教においてこれは極めて否定的な言葉である。憶良も当然ここで否定的な意味で使っている。新潮日本古典集成版『万葉集』の註では「俗人の我執《がしゆう》の愛」と説明している。「愛執」「愛着」なのである。そうすると、この言葉書きの意味は次のようになる。「至上の大聖者である仏陀釈迦でさえ、なお子供への愛着に囚《とら》われる心を持っておられる。まして世間の衆生は、誰が子供への愛に執着しないでいられようか」

子供への愛は本来良くないことなのだが、人はそれをなかなか克服できない、と言っているのだ。憶良はここで、釈迦の心の中の逡巡に注目している。歌人として鋭い洞察ではあるが、たとい逡巡があったにせよ、事実として釈迦は生まれたばかりの自分の子供を蝕魔《しよくま》と名付け、妻ともどもこれを捨てている。非凡のエゴイストなのである。

釈迦は弟子たちに対して温和で慈悲深くあったはずである。しかし、時には激しく叱りつけることもあったらしい。『ミリンダ王の問い』第二篇第三章に、弟子のスディンナ・カランダプッタという者が過ちを犯した時、釈迦が「荒々しい言葉をつかい、彼を愚か者という言葉で呼びました」とあるからだ。釈迦をかくも激怒させたスディンナの犯した過ちとは何か。

平凡社東洋文庫版の注釈によると、次のような事情があった。スディンナは、然るべき家柄の人物だったらしいが、父母や妻の懇願を振り切って出家した。後日、彼の父母は妻をともなって彼のもとへ行き、子を残すことを求めた。家の後継ぎだけでも欲しかったのかもしれないし、子ができればスディンナが出家を翻意するだろうと考えたのかもしれない。ともかくスディンナは父母や妻の提案を承諾し、ビージャカという子を得ることになった。これに対して釈迦が荒々しく叱りつけたのである。

釈迦の怒りは、スディンナが性欲を満足させたことに向けられたというより、父母や妻への、すなわち家族への「愛執」に縛られ、加えてその「愛執」の束縛を強めることになる子までなしたことへ向けられているように思える。

広義の阿含経典である長部経典にもこんなことが記されている（中村元編『原始仏典』「仏伝」部「懐疑論を超えて」より）。

マガダ国の多くの著名な良家の子らは、つぎつぎと世尊のもとに赴いて清らかな修行を行なった。人々はいらだち憤りそしった、「修行者ゴータマ（釈迦の姓）がやって来て子を奪う。修行者ゴータマがやって来て夫を奪う。修行者ゴータマがやって来て家を断絶せしめる」

家族の「愛執」への釈迦の嫌悪と、これに強い警戒感を抱く「迷妄の中にいるごく普通の民衆」との対立がよく分かる一節である。

釈迦が家族をいかに嫌悪しようと、ごく普通の民衆は家族に愛着し、それ故に出家することは現実にできない。そもそも、もし釈迦の教えにすべての人が従って出家してしまったら、社会は成り立たなくなる。托鉢・布施に支えられている出家集団も、当然成り立たなくなる。出家主義は原理的にアキレス腱を抱えている。

こうした中で「慈悲」を中心概念とする大乗仏教が現れる。

前にも述べたが、釈迦入滅後百年ほどして仏教は上座部と大衆部の二つに根本分裂する。これがそれぞれ小乗と大乗という二つの流れにつながる。仏教史を正確にたどろうとするともう少し複雑になるのだが、大雑把にこう理解しておいてまず間違いはない。この二つの相違を端的に述べるなら、小乗は自ら覚りを得ること（自利）を宗教目的とし、大乗は衆生を救うこと（利他）を宗教目的とする、ということになるだろう。仏教者のありようも当然違ってくる。小乗ではこれを「声聞《しょうもん》」（釈迦の声を聞く弟子）あるいは「独覚」（自分独りが覚る）という。大乗ではこれが「菩薩」となる。菩薩とは如来に至る前段階、すなわち「慈悲」をもって衆生を救うことによって如来に至る存在である。

このあたりを簡単にまとめると次のようになる。

小乗：自利（自らの覚り）、声聞・独覚
大乗：利他（衆生を救う）、菩薩

これを分かり易く大学教授に譬《たと》えてみよう。小乗とは、真理追究のみに励む超俗的な謹厳教授とでもなろうか。研究業績はあるのだが取っ付きにくく、講義も難しくてよく分からない。だが真理とは本来そういうものなのだからそれでかまわないと思っており、しばしば身勝手な振舞をする。対するに、大乗とは、巧みな講義で専門分野を分かり易く学生たちに教える情熱教授とでもなろうか。学生の悩みにも親身《しんみ》になって相談に乗るし、就職の斡旋《あっせん》も嫌がらない。各界に人材を送り出し、学内改革にも熱心である。こんな感じだろうか。

繰り返すが、これは釈迦その人の中に二つながらあった本質であり、知識人の二つの側面でもある。問題なのは、我々が大乗のみが仏教の正しいあり方だと、当の大乗仏教が広まる中で信じ込まされてきたことである。

さて、大乗仏教が利他行、菩薩行を中心教義とすると、必然的に在家《ざいけ》信者が重要視されるようになる。在家信者とは、出家はしないが、篤実な仏教徒という存在である。在家信者が増えること自体は良いのだが、その中に凡庸な出家僧より優れた仏教知識を持つ賢者が現れるようになるのも自然である。維摩経《ゆいまぎょう》の主人公、維摩（ヴィマラキールティ）がその典型といえよう。

維摩経は初期大乗経典の一つで、その成立は一世紀半ば過ぎと学者は推定している。その内容は大乗仏教の思想的中核をなす「空」について述べているのだが、これを正しく理解して実践しているのが在家の維摩であるとするところが興味深い。平凡社東洋文庫版『維摩経』から紹介してみよう。上巻第二章にその人物像がこうある。

維摩は在家ではあるが、出家の修行者が守る清浄な戒律をよく守り、在家の住まいに住みながら、この迷いの世界に執着することがない。妻子のあることを世に示してはいても、常に淫欲を絶っており、一族のいることも示しているが、常にこのわずらわしさから遠ざかることを楽しみ、宝玉の飾りを身に付けているけれども、それ以上に、「相好《そうごう》」（如来の身に備わる優れた特徴）を備えて身を飾っている。

というものだ。続いて、前節と類似のいくつもの世俗の交わりをするのだけれど、やはりいずれもそれに惑溺することはない、とある。

さきほど言及した長部経典の釈迦であれば、惑溺しなかったとしてもなお叱りつけるところであるが、維摩経では釈迦は維摩を絶讃している。何しろ釈迦が維摩のもとに弟子たちを遣わそうとすると、誰もが尻込みするほど優れているのだ。というのは、以前誰もが維摩に論破されているからである。弟子どころか、帝釈天や弥勒菩薩までもが、口を揃えて維摩のすばらしさを絶讃するのである。驚嘆すべき人物として描かれている。

ここに在家信者が侮りがたい存在になっていることが読み取れるだろう。

仏教と「出家」ということでは支那仏教の問題も考えておかなければならない。というのは、支那では伝統的に先祖崇拝の「孝」が宗教感情の基本要素になっており、儒教ではとりわけ孝が重視されるからである。家族を捨てる出家が孝の対極物であることは容易に想像がつくであろう。

支那に仏教が伝わったのは記録によればBC二年だとされるが、実際にはその百年以上前から西域との交易が盛んになるにつれて仏教は徐々に支那に入っていったと考えられる。ちょうど大乗仏教が成立し始める頃のことである。これを「北伝仏教」と呼ぶ。

この外来の宗教をどう受容するかは支那人にとって大きな問題であった。現実主義的傾向の強い支那文明に、「空」を思想的中核にして世俗の価値を否定する仏教は受け入れられにくかった。こういう拒否感に対しては、荘子《そうじ》思想の中核である「無」で解釈するという方法がとられた。これを「格義《かくぎ》」と言う。義（意味）を格《ただ》すということである。この方法で成立した仏教を「格義仏教」と呼ぶ。支那仏教は基本的にすべて格義仏教であり、ということは支那経由で仏教を学んだ日本仏教も格義仏教の上に成立しているということである。とりわけ禅宗は格義仏教どころかほぼ完全に荘子思想そのものだと言っても過言ではない。これについては禅宗を論じるところで再説しよう。

一般庶民にとってもっと深刻だったのは、難しい教理哲学より先祖崇拝である孝が仏教では原理的に否定されていたことである。宗祖釈迦が両親と妻と子供を捨てて出家しているからであり、大乗仏教といえども僧侶は家族を作らないからである。そこで「父母恩重経《ぶもおんじゅうきょう》」という偽経《ぎきょう》が作られることになる。

大乗仏典には釈迦直説《じきせつ》の金口《こんく》の仏典はなく、その意味では大乗仏典の全部が後世に作られた偽経であるのだが、通常の大乗仏典には少なくともサンスクリット原典は存在する。インドの大乗仏教徒の制作だからである。しかし、父母恩重経に代表される狭義の偽経は原典が漢籍経典である。サンスクリットの原典が存在しないのだ。

父母恩重経には、父母の恩は深重であり、子たる者はそれに報いるべきことが説かれている。その報恩の一つが日本でも仏教習俗として広く行なわれている盂蘭盆《うらぼん》供養（お盆）である。これから派生した「盂蘭盆経」もあるが、これまたサンスクリット原典の存在しない偽経である。

家族を「愛」する庶民感情と仏教教理との相克・葛藤は、仏教発祥の地において既にあり、支那など北東アジアに伝来していっそう深刻であった。

コラム9　オウムに震えた仏教界

一九九五年、オウム真理教のサリン散布による無差別殺人事件が日本中を震撼させた。オウムの教義は当時流行のオカルトを背景に仏教とヒンドゥー教をごたまぜにした醜怪かつ滑稽な代物であったが、その程度のものがあれほどの大事件を引き起こしたことに仏教界は戸惑うだけで、何の有効な批判もできなかった。高額なお布施を要求するのは真の宗教ではないとか、教祖に絶対的帰依をさせるのは仏教の趣旨に反するとか、俗耳に入りやすい批判をしただけであった。高額なお布施を要求するのは仏教寺院自身のことなのに、その後改革されたという話は聞かないではないか。浄土真宗では祖師親鸞の血を引く法主《ほっす》が入浴した残り湯を門徒たちはありがたく飲むし、日蓮宗では法華経を絶対視しこれを中心に国を立てる『立正安国論』も根本経典にしているではないか。絶対的帰依は宗教では珍しくないはずである。そんな凡庸な批判よりも、消費文明が爛熟を見せる現代世俗社会で、かくも奇怪な教義を持つオウム教団へ入信出家し、一命をも投げ出す若者がいることの意味を考えるべきだろう。初期仏教の時代、釈迦が家族破壊者と罵られ、それでも多数の出家者を集めた事実を忘れてはなるまい。仏教界は仏教の歴史を知らず、仏教の教理を知らない。時代の良識と妥協せず教理にまで踏み込んで仏教の検証をしなければ仏教の再生はなく、また奇怪な新興宗教が出現するだろう。

3　密教という退行

大乗仏教の流れの一つに「密教」がある。

密教というと、「密」という字面《じづら》の印象から、秘密裏に不穏なことを企んでいる無気味な宗教、それこそオウム真理教のような宗教のことだと思っている人が多い。後で述べるように神秘的な儀礼を重視するなど、一面でこうした印象は当たってはいるのだが、正しい理解ではない。はなはだしい場合は、密教を小乗仏教の一派だと誤解している人さえいる。小乗は釈迦一仏論だから、諸仏諸神が登場する密教とは最も遠い存在である。

次のような事実も意外に知られていない。平安時代末期から鎌倉時代にかけてのいわゆる「鎌倉新仏教」の祖師たち、法然、日蓮、栄西は、いずれも初め比叡山に学び、後に自派を興している。この比叡山は天台宗であり、天台宗は密教（台密《たいみつ》）である。つまり、我々が日常的に接する寺院・僧侶はほとんどが実は密教起源だということになる。

では、「密教」とはどういう意味なのか。密教とは、深い理解力のある者のみに内密に説かれた特別の教えという意味である。反対語は「顕教《けんぎょう》」で、誰にでも公開された顕《あきら》かで分かり易い教えという意味である。密教の側では、それまでの仏教は衆生向けの教えであり、そこには本当の真理が説かれておらず、自分たちにこそ深遠な真理が特別に開示されたとする。しかし、これもまた一種の「加上説」である。後に出現した者が、より複雑な理屈を考え出し、自分のほうが正統的だと説いているからだ。

事実、釈迦の生きていた時代に釈迦直伝《じきでん》の何か特殊な秘密教理があったわけではなく、そんなものが特別な理解力のある人のみに伝承されたなどということはない。初期仏教の時代にあったのは釈迦金口の阿含経典であり、その後、仏教哲学が複雑化する中で、大衆に迎合する形で大乗仏教が出現し、そこに密教が生まれた。密教側の言うところとは逆なのである。

密教では儀礼が重視される。これについて論じる前に、儀礼、戒律、苦行について簡単に説明しておかなければならない。これらを同じようなものだと考えている人が多いからである。なぜそのように考えるかというと、現代人にとって信仰は個人の内面の問題だからである。内面の信仰と外形的な儀礼、戒律、苦行などは無関係に思え、それ故、内面の信仰以外を一括りにしているのだ。近代的世俗社会では、儀礼、戒律、苦行などが見えにくくなっていることもその背景にある。

まず、苦行と修行、また戒律について説明しよう。

釈迦は苦行を明確に否定し「不苦不楽」の中道を説いた（第三章第四節）。この苦行とは、外界を覚知することが迷いの根源であるとして感覚器官そのものを痛めつけたり、さらには破壊してしまうような行為を言う。一切の食物を拒否したり、身体に何本も針を刺したり、太陽を長時間凝視したりするような行為である。これはまた逆転した形での肉体への執着であり、釈迦は「智慧」による覚りを説いた。

しかし、阿含経典の中にも「清浄な修行」という言葉がしばしば出てくるように、修行が否定されたわけではない。覚りを求めて、自らを内省し、精神を集中し、身を律することは当然必要とされる。修行僧ではない在家信者であっても、いくぶん緩やかな同様の行動規範が課せられる。これを定式化したものが戒律である。

戒律には、出家僧向けと在家信者向けの違い、また時代による変化、宗派ごとの違いがあり、何種類もの戒律がある。もっともよく知られているのは、根本分裂以前に成立していたと思われる次の「五戒」である。初期の戒律であるから釈迦自らが定めた可能性も考えられる。

不殺生《ふせっしょう》（生き物を殺さない）
不偸盗《ふちゅうとう》（盗みをしない）
不《ふ》邪婬《じゃいん》（婬行をしない）
不《ふ》妄語《もうご》（嘘をつかない）
不《ふ》飲酒《おんじゅ》（酒を飲まない）

この五戒は在家信者に対する戒律とされるが、その分、簡潔で、道徳一般の古型とも通じている。

戒律が、身を律する行動規範だとすると、儀礼は、集団の意義の確認や集団構成員の結びつきなどを様式化した行動である。これは宗教団体に典型的に見られるが、それ以外に、およそ人間活動のほとんどの場面に観察することができる。学校の入学式、卒業式、企業の入社式、家庭における誕生日、冠婚葬祭、行政の主催するさまざまな記念行事などである。こうした個々の儀礼に賛成であるにせよ批判的であるにせよ、人間社会は儀礼抜きにしては存在できないほどである。

しかし、儀礼は、かつては政治や社会を論じる上でさほど重視されてこなかった。正統的な政治学における政治についての考察は、政治思想、統治形態、階級関係、行政組織、といった観点で論じられてきた。要するに、その政治システムの中にいる人たちの理念の検証か、あるいは逆に客観的な力学として政治を扱うか、という論じかたであった。しかし、社会心理学や文化人類学の知見によって、政治においても儀礼の果たす役割は極めて大きいことが明らかになった。マルクス主義的唯物論を国是とした旧ソ連では宗教が弾圧され、革命直後多くのロシヤ正教寺院が破壊された。しかし、革命の指導者レーニンは死後「生けるが如き遺体」となってモスクワ中心部のレーニン廟に安置され、国家行事の時にその前で儀礼が挙行された。ソ連国民一人一人も自分自身の冠婚葬祭に際し誰に強制されるでもなくレーニン廟に参拝したのである。これはレーニン廟の政治利用ではない。政治そのものなのである。

儀礼は人間の精神の奥深いところに源を発し、社会に深く組み込まれている。

密教の特色は「曼陀羅」による世界象徴と「真言」による世界獲得である。

曼陀羅とは仏の世界を象徴表現したものである。密教寺院にはあまたの仏や菩薩が細密に配置された曼陀羅図が祀られている。その図のように世界が表象（思い浮かべる）されているのである。これは仏（覚者）の世界であるから、同時に覚りの世界、清浄の世界である。曼陀羅を壇状にし、一種の結界《けっかい》として修行の場としている寺院もある。

真言とは「聖なる言葉」という意味で、この言葉は聖なるが故に外界や実体に拮抗しうると考えられている。

要するに、曼陀羅も真言も広義の呪術なのである。

呪術とは、二つの物事の間に主観的な関連を見出し、それを利用して世界を把握したり統御したりできるとする観念体系のことである。文化人類学者フレーザーは、これを類感呪術と感染呪術に分類している。類感呪術とは、似ているもの同士の相互感応ということで、雨乞いなどで煙を焚いて雲を呼び寄せるとか、敵に似せた人形に釘を打って敵を殺す、といったものである。感染呪術とは、接触していた物にはその本体が移って（感染して）いるとする呪術で、形見の櫛に故人が宿っているとか、病人の着衣を寺社に持って行って病気快癒を祈願する、といったものである。

実は、二つの物事の間に関連を見出すことは、人間の基本的な精神作用であり、科学においてもそれは重要な目的である。ただ、科学においてはそこに厳密な証明が要求される。こうした違いはあるものの、動機において呪術と科学は近いところがある。古代や原始社会では科学と呪術が未分化の場合が珍しくない。

また、言語は、音声や文字による象徴記号と世界とを関連させたものである。人間は言語を獲得することで複雑な意思疎通や知識の蓄積ができるようになり、これによって他の動物より圧倒的に優位に立つようになった。さらに文字を知った民族は音声言語を文字言語として固定させることができ、近隣の民族より高度な文明を発達させることが可能になった。言語にはこうした人間生活の基礎とも言える力があるため、呪術には言語とりわけ文字が重要な役割を果たすことになる。先に述べた「真言（マントラ）」はこの究極形とも言える。

しかし、曼陀羅や真言による世界との拮抗、世界の獲得は、どう考えても釈迦の教えとは無縁のものである。

釈迦は、自我への執着こそが「無明《むみょう》」を生み、それが苦しみにつながるとした。自我は現象であり、有限である。そのことを覚らなければならない。世界を獲得して、それを我がものにするという欲望は、苦を生む執着である。曼陀羅によって世界を表象し、それと自我を合一するというのは、仏教で否定したはずの「梵我一如」への回帰である。呪術的行為によって、富裕や健康や不死を望むなどということは、そもそも富や肉体や生命が移ろいやすいものである以上、およそ無意味なはずである。釈迦が呪術についてどう考えていたかははっきりしない。しかし、少なくとも呪術の効用を説いてはいないし、呪術の習得についてははっきり否定している（第三章第二節、神通力習得の否定）。これは釈迦が科学的思考の持ち主であったというよりも、今も述べた通り、欲望の実現ではなく、欲望を抑えることを説いているからである。そもそも呪術など視野に入れる必要さえなかったのだろう。

しかし、釈迦が梵天との対話で危惧したように、欲望に囚《とら》われた衆生は釈迦の覚りが理解できなかった。釈迦の教えに「ご利益」を求めたのである。釈迦入滅後、釈迦個人の持つ宗教的魅力に頼ることができなくなると、こうした衆生の要求に応《こた》えなくては仏教が存立できなくなることは容易に想像できるだろう。こうして、さまざまな俗信、伝統儀礼、ヒンドゥー教の諸神などが、仏教と習合し、密教が成立していった。

密教はこのように釈迦の思想とはほとんど関係ない宗教と言える。正反対だと言っても過言ではないほどである。その典型は「歓喜仏《かんぎ》（歓喜天）」、別名「お聖天様《しょうでん》」である。多く象頭の仏像で、男女二神の性交の姿をとっている。これはヒンドゥー教にある性信仰、豊穣儀礼《ほうじょう》が流れ込んだものである。しかし、五戒の中には「不邪婬戒」

があった。とすれば、どのような言い分けをしようとも、これが「仏様」であるとは言えないだろう。後世の仏教徒を称する者が歓喜仏を拝んでいるところを釈迦が見たら仰天慨嘆するはずだ。

しかし、このような性信仰、男女和合神像の文化的価値は否定できない。日本各地にある道祖神など性信仰は世界中に広く見られ、またチベット密教の歓喜仏の芸術的なすばらしさは美術研究家に高く評価されている。

この相矛盾する判断をどう考えるか。仏教界は姑息（一時しのぎ）な解釈でお茶を濁してきた。しかし、ここは仏教の原理に関わる最重要ポイントではないか。私が教義・教理にまで踏み込んだ仏教の改革が必要だというゆえんである。

コラム10　ジャイナ教と戒律

戒律が奇妙なねじれとなって現れた例をジャイナ教に見ることができる。

ジャイナ教とはインドに起こった宗教で、釈迦と同時代の出家僧マハーヴィーラを開祖とする。マハーヴィーラは仏典にも「六師外道《ろくしげどう》」の一人ニガンタ・ナータプッタとして登場する。「外道」は後には「道に外れた極悪な人」の意味に拡大するが、本来は「釈迦以外の道を歩む修行者」といった意味で、特に六人の修行者が「六師外道」と呼ばれる。彼らは旧来の宗教的権威に批判的で、釈迦と同じく新しい宗教者であった。教義面でも共通するところが多い。このうち、仏教を除けば、現代まで続いたのがジャイナ教である。インドではヒンドゥー教徒が人口の八割を占め、仏教徒は一パーセント弱の約一千万人である。ジャイナ教徒は仏教徒の半分ほどで約四百万人である。ただしジャイナ教徒には高学歴の上流階級の人が多く、特に金融業にはジャイナ教徒が深く関わっている。

これにはジャイナ教の戒律が関係している。ジャイナ教では「殺生戒」が特に厳しく、道を歩くときも虫を踏み殺さないように注意を払わなければならない。そのため農業も忌避されている。鍬を入れると地中のみみずなどが殺されるからである。そうなると、職業は金貸しが一番よいということになる。金に触れていても何も殺さないからである。その結果、金融業を営む者が多くなり、経済知識、法律知識を身に付けるため高学歴者が増えることになる。現在ではＩＴ産業などにも進出している。これも殺生に関わらないからである。

我々の常識では、殺生を嫌うということは、都会の苛烈な競争社会を捨てて農村部で自給自足の生活を送ることにつながるように思えるのだが、ジャイナ教ではそう考えない。農業は殺生であり、金貸しこそが道に適《かな》った人間らしい職業なのである。ジャイナ教の突きつけるこの逆説的真理に、宗教者も倫理学者もちゃんと答えなければなるまい。

4　仏像と偶像崇拝

儀礼に続いて、ここで仏像について考えておきたい。

先にも書いたように「仏様」という言葉はしばしば仏像を意味する。仏様を拝むという時、普通それは仏像を拝むことである。そのため、起源を同じくする、ユダヤ教、キリスト教、イスラム教では、仏教を偶像崇拝の宗教だとする。しかし、「はじめに」でも書いておいたように、釈迦や弟子たちが仏像を拝んだということはありえない。では、仏像はいつごろどのようにして出現したのだろうか。

まず、仏教と偶像崇拝について述べておこう。

仏教では、すべては連続して生起する「事」であると考えるから、「物」を拝む偶像崇拝思想はない。ただ、それはユダヤ教、キリスト教、イスラム教の偶像崇拝否定とは違っている。これらの宗教では、真の神は石や木に刻まれたものではない、石像や木像は人間が作ったものに過ぎない、と考える。唯一絶対の神は造物主であり、それ以外のものは、人間も、石も、木も、すべて被造物である。それ故、被造物である石像や木像を崇めることは、唯一絶対の造物主に対する冒瀆《ぼうとく》である、とする。しかし、そういうキリスト教ではイエス像やイコン（聖画）を拝むが、これについては今は論じない。ともかく、この三教では、全能の創造神を拝せ、石塊《いしくれ》や木切れを拝するな、と主張しているのであり、単に偶像は無価値だというより、偶像嫌悪、偶像破壊の意味合いが強い。イスラム過激派がバーミヤンの断崖に刻まれた大仏を爆破した事件にこのことがよく現れている。唯一絶対の創造神を考えない仏教では、偶像は無価値だとするのみである。

後世、特に大乗仏教ではさまざまな仏像が作られるが、仏像そのものは物体であると考えている。新たに仏像を作るときは「開眼《かいげん》供養」という儀式が行なわれる。俗諺《ぞくげん》に、形だけ出来ていても肝心なところが抜けていることを「仏作って魂入れず」と言う。開眼供養とは、完成した仏像にこの「魂」（「性《しょう》」などとも言う）を入れる儀式である。また、仏像につもった埃を拭ったり傷んだ仏像を修理したりする際は、やはりこの魂をいったん抜く儀式をし、仏像を物体に戻してから行なわれる。

仏教では、本来、偶像に積極的な価値を認めない。事実、仏像は釈迦没後四、五百年は作られていない。仏像は、本義においては仏陀である釈迦の像であるが、後の大乗仏教では釈迦以外にさまざまな仏が考え出され、その仏の像も幾種類も作られるようになる。そういった釈迦像以外の仏像も、当然ながら仏教初期にはまだない。深く仏教に帰依したと言われるアショカ王（BC三世紀、釈迦没後およそ百年）も、釈迦の遺骨（仏舎利）を分骨安置した仏塔を建てさせたけれど、仏像は作らせていない。仏塔が釈迦を象徴し、それが崇拝の対象となっていた。その他、転法輪《てんぼうりん》（仏陀の説法を、魔を破砕する車輪にたとえたもの）なども宗教的象徴として崇拝の対象となった。仏像が作られるようになるのは、紀元一世紀の終わりごろ、ギリシャ文明の影響下にあったガンダーラ（パキスタン北部）においてである。この時期の仏像は、フランスのギメ美術館やパキスタンのラホール美術館の収蔵品でよく知られており、美術品としてはすばらしいものではあるが、釈迦の「肖像（肖《に》せた像）」ではない。これらの仏像はヘレニズム様式によるもので、容貌は典型的なギリシャ風である。釈迦没後五百年もたち、資料も伝わっていない中、釈迦の本当の顔は分かるはずがないのである。

今我々が仏像として知るものの中心は、釈迦を初めとする如来像であるが、そこには様式化された「相好《そうごう》」（吉相、福相）が見られる。この相好は、ガンダーラ期の仏像が少しずつ変容しながら、アジア各地の文化要素を取り込んで確立されていったものと考えられている。如来像の髪は「螺髪《らほつ》」と言って、小さく巻いた髪が密集した髪型である。これはギリシャ彫刻にあるウエーブ状の髪が元になり、小さな巻貝（螺）状に変容していったものである。ガンダーラ仏では、螺髪はまだ完全な形では現れていない。

一般的に僧侶は、浄土真宗など教義上許されている場合を除き、剃髪している。これは、通常、髪は飾りであるから、仏門に入るに際して虚飾を退ける意味で剃髪する、と説明される。しかし、これには疑問がある。おそらく剃髪は文化人類学や宗教学で言う「聖別」の一種だろう。身体に何かの印を付けて、俗界と所属を区別するのである。

それよりももっと疑問なのは、仏像の釈迦が剃髪していないことである。仏像、仏画では、螺髪の釈迦を剃髪した弟子たちが取り囲んでいる。釈迦も出家者の一人であるのに、弟子たちのみ剃髪していて自分だけ有髪《うはつ》というのは奇妙である。釈迦没後数百年して螺髪が覚者仏陀の相好の一つとして様式化され、このような図像が確立定着していったのであろう。実際は釈迦も剃髪していた可能性が考えられる。

僧侶の剃髪は、仏教が支那に入るときに問題になる。支那では先祖崇拝の伝統が強い。儒教の経典の一つ、『孝経』には「身体髪膚、これを父母に受く。敢えて毀傷《きしょう》せざるは孝の始めなり」とある。四肢、髪、肌、これは父母から受けたものであるから、傷《いた》めないようにするのが孝行の始まりである、というのだ。剃髪はこうした支那伝統文化とは相容れなかった。ここでも「孝」は仏教の障壁になっている。

5　一神教化する仏教

密教が土俗信仰などを取り込み呪術化・儀礼化することで衆生に迎合していったのに対し、衆生という存在をそのまま受容する道を選んだのが浄土教である。「浄土」

とは清浄なる仏国土といった意味で、凡夫（衆生とほぼ同義）の住む濁世《じょくせ》である「穢《え》土《ど》」の反対概念である。仏が統治するこの浄土に凡夫も往って生まれ変わること（往生）ができるとするのが浄土思想である。この場合の「仏」が釈迦ではないところに注意を喚起しておきたい。第二章第二節でも少し見ておいたが、大乗仏教では釈迦以外にいくつもの仏（如来）があるとする。そのため仏ごとに浄土が考えられたが、現在に至るまで最も有力な浄土思想となっているのは、阿弥陀仏（阿弥陀如来）の浄土に生まれ変わるとする阿弥陀教である。従って浄土教と阿弥陀教は事実上同じものと考えてよい。日本では、法然の浄土宗、これを受け継いだ親鸞の浄土真宗（一向宗）が浄土教の主流である。それのみならず、浄土真宗は、創価学会などを除く伝統仏教の中では最大宗派となっている。

浄土教の特徴は、「覚りの宗教」である仏教を一神教の構造を持つ「救いの宗教」に変容させたことである。容易に想像できるように、これはキリスト教によく似ている。しかし、このことが公然と指摘されることは稀である。読者が限られた専門論文を別として、私の知る範囲では岩本裕《ゆたか》『佛教入門』（中公新書）で論じられているぐらいである。浄土宗・浄土真宗にとってキリスト教の傍流扱いされることは都合が悪く、また仏教学者が同時にこの宗派の僧侶であったりして直接間接に研究の便宜を受けているため、このことには触れにくいのだろう。しかし、ここにまで踏み込まなければ教義検討をも含む本当の仏教論議はできない。

小乗仏教が釈迦一仏論であるのに対し、大乗仏教ではいくつもの仏が考案されている。その論理操作には、仏身論の「三身説」の第二身である「報身」が使われていることは前に述べた。すなわち、前世に菩薩として利他行に励むとその善き報いとして仏（如来）になれるという理屈である。卑近な譬えをすれば、菩薩は仏の見習いということになろう。見習いである菩薩は仏を目指して頑張るわけである。阿弥陀仏にはこの構図が極限の形で表われている。

阿弥陀仏は前世に法蔵菩薩であったが「四十八願《しじゆうはち》」（「願」は誓願、志願）を立てた。そのうちの第十八願はこの誓願全体を集約した中核であると考えられている。それは「衆生が私（阿弥陀仏）の名を称え念ずれば（称名念仏）我が浄土に生まれることができ、もし生まれさせることができなければ、私は覚りを得たとしない（正覚を取らず）」というものである。これは菩薩の段階における誓願であると同時に仏になってからの誓願でもある。つまり、自分は菩薩から晴れて仏となったのだが、衆生を救わない限り仏となったつもりはない、というのだ。阿弥陀仏は、既に仏になっているにもかかわらず菩薩の性格も強く残している。さらに言えば、阿弥陀仏は衆生を救い切れないことについて自らを責めている感じさえする。その一方で、釈迦の説いた覚り、すなわち無明の苦しみからの智慧による解脱については一言も触れられていない。

このあたり、キリスト教に近似している。

キリスト教が「救いの宗教」であることは第二章の初めのほうで述べた。絶対存在（神）が「向こうから」有限な存在である人間に手をさしのべてくる。しかも、神は原罪を持つ人間を救うために愛する一人子イエスを遣わし、イエスは人間の罪を償うため十字架上で犠牲になる。そして「イエスを信じるものは誰でもその名によって罪を許される」（使徒行伝一〇・四三）、また、イエスは「あなた方が私の名によって求めるものはなんでもかなえてあげよう」（ヨハネ伝一四・一三）と言う。

阿弥陀仏のような神はインドの土着的なヒンドゥー教には出てこない。大乗仏教で広義の「仏様」とされるものの中には、はっきりとインド土着神として前身の分かるものも多い。弁天、帝釈天など「天」が付く仏様はことごとくそうである。その他も、おおむねインド的な文化が感じられる。

ヒンドゥー教では、シヴァ神、ヴィシュヌ神、カーリー神などが、併存、循環する神話構造になっている。しかし、阿弥陀仏は一神教的であり、かなり様子が違う。

先の岩本裕によれば、初期仏教において仏を修飾形容するときは黄金に譬えられ、光に譬えられることはなかった。「金口」がその好例であろう。しかし、阿弥陀仏は「光」で修飾形容されている。「阿弥陀」はサンスクリットのアミターバを音訳したものであり、その意味は「無限の光」である。神を光に譬えた例は聖書の中に頻出している。こうしたことも、阿弥陀仏や阿弥陀信仰がキリスト教に近い場所で発生したことを思わせる。岩本は西アジアあたりに阿弥陀仏の出自があるのではなかろうかと推測している。

浄土教すなわち阿弥陀教はアジア各地に広がりながら、日本でも独自の発達を遂げた。我々がよく知るのは法然の浄土宗、その弟子親鸞の浄土真宗であり、これを特徴づける「悪人正機《しょうき》」思想は仏教のみならず社会や政治や文学を論じる場面でもしばしば論及されるほどである。というよりも、すぐ後で見るように、近代的な民主主義・人権思想の都合に合わせて悪人正機思想が援用されている嫌いがある、としたほうがいいかもしれない。現に、同じ浄土真宗の中でも高田派では悪人正機思想は認めていないのに、こうした事実はあまり知られていない。

とはいえ、確かに悪人正機思想は宗教的な強い魅力を持ち、それが浄土教を広める大きな要因になったことは否定できない。またこれが衆生を広く救うという浄土教の原形の延長発展形であることも間違いない。ここでは悪人正機を中心にして浄土教を検討していこう。

まず、二つのことを指摘しておきたい。

第一に、悪人正機もまたキリスト教に類似する思想だということである。

悪人正機は、悪人にこそ救いの機縁があるという思想で、『歎異抄《たんにしょう》』にある親鸞の言葉「善人なおもて往生をとぐ、いわんや悪人をや（善人でも浄土に往《ゆ》ける、悪人であればなおさらである）」でよく知られている。このような言葉を選んだところに、親鸞の宗教アジテーターとしての天才的資質を見ることができる。簡潔であり、逆説的でありながら、異様な説得力が漲《みなぎ》っている。この悪人正機思想が浄土教の大きな力になっていたことは容易に分かる。

目をキリスト教に転じてみると、聖書の中に悪人正機と類縁の言葉を見出すことができるだろう。イエスは言う「私は、義人《ぎじん》を招くためではなく、罪人《つみびと》を招くためにきたのだ」（マタイ伝九―一三）。ここにもやはりイエスの宗教的天才を見ることができるだろう。意表を衝く言葉で世俗の価値基準を逆転させ、大衆を引きつけたのである。

聖書の言葉が親鸞に影響を与えたのか否か、影響を与えたとしたらどのような経路をたどっているのか、という考証は、宗教史学者にでも任せるより仕方がない。しかし、これが類似することは一目瞭然である。

第二に、悪人正機は親鸞の独創のように思われているが、そうではないということである。先のキリスト教との類似性はさて措くとして、親鸞と同時代に同じような宗教思想が広範囲に観察できるのである。

親鸞自身が認めているのは師である法然の思想的継承である。法然は『法然上人行状絵図』でこんなことを言っている。「弥陀如来はさようなる罪人のためにこそ、弘誓《ぐぜい》をも立てたまえることにてはべれ（阿弥陀如来はそのような罪業《ざいごう》重き者のためにこそ、誓願を立てられたのでございます）」。また甘糟太郎という武将にこんなことも言っている。「弥陀の本願は機の善悪を言わず（阿弥陀如来の誓願は機縁の善し悪しを問わない）」。

また、浄土教とは根本経典を異にする日蓮宗でも悪人は法華経によって成仏できるとしているし、仏教民俗学者の五来重《ごらいしげる》は半僧半俗の「聖《ひじり》」という存在が民衆の生活に広く浸透したことが悪人正機の背景にあることを指摘している。要するに、悪人正機思想は鎌倉新仏教に広く見られる。親鸞はそれを最も巧みに凝縮表現したのである。

しかし、悪人正機は、浄土教であろうとそれ以外のものであろうと、そもそも論理的に成立しない。

悪人正機については、通常、次のような説明がなされる。

まず第一は、この「悪人」とは売春婦、金貸し、屠殺人、死刑執行吏など「汚れた仕事」をしている人のことである、というものだ。

これらの人は望んでそのような仕事をしているわけではなく、貧困や因習や身分差別のため、やむを得ずそのような仕事をしている。そうした虐げられた人を救うのが仏教であり、阿弥陀仏である、という理屈である。悪人正機の「悪人」とは、「必要悪」を課せられた人だというのである。しかし、必要悪であれば、それに関わる人はそれが悪であること自体は認識しているはずである。それなら、誇りを持ってその仕事をしている人の立場はどうなるのか。売春や屠殺をそもそも悪だと思っていない人はどうするのか。その人たちに悪は悪であるとまず認めさせるのだろうか。

要は、この悪人正機論は、社会に必要悪はあるのだから、それをみんなで平等に負担するか、それができないのなら然るべき待遇改善をしよう、と言っているに過ぎない。

この考えは社会思想として、とりわけ近代的社会思想として、そんなに間違っているとは思えない。そのため現代の良識家たちによって支持されている。しかし、それならば別に仏だの浄土を持ち出す必要はない。福祉主義、人権思想、社会主義などを徹底させればよいのである。悪人正機は宗教がそれを代行しているだけである。それどころか、すぐ前に言ったように、誇りを持って屠殺業や金融業をやっている人にそれが「悪」であることを認めさせた上で阿弥陀仏の救いを説かなければならず、人権思想や社会主義より一段階劣った回りくどい思想だということになる。そうであるのなら、そんな面倒な手続きを経ることなく、初めから人権主義を主張したほうが良い。

また、この解釈の悪人正機では当然ながら、身勝手で残虐な殺人を犯した犯罪者などには阿弥陀仏の救いはないことになる。この犯罪者の犯した殺人や強姦は必要悪とは言えないからである。

第二は、善悪を世俗の善悪と宗教的な善悪に分ける考えである。

社会は有限・不完全な存在である人間が集まったものであるから、そこにある政治や道徳、そこで作られた法律や慣習、といった規範も有限・不完全なものであり、そういう規範で善悪を判断できるのはあくまでも世俗内に限る。一方、無限の光明を意味する阿弥陀仏は世俗を超越しているから世俗の規範も超越しており、世俗規範から排除された人々をも救うのである。こういう論の立て方である。

これは、第一の悪人正機論より圧倒的に優れている。道徳や法律に還元されない宗教の独自性があるからである。この論理があってこそ、罪に苦しむ死刑囚に対しても語りかけることができる。この論理は近代になってから持ち出されたものではなく、鴨長明『発心集』にも「五逆の悪人をも助けんと誓い給う」とある。また、キリスト教の論理も同じであり、「一匹と九十九匹の譬え」(ルカ伝一五―四)にそれがよく現れている。百匹の羊の中の九十九匹には世俗の論理が適用されるが、そこから外れた一匹、すなわち罪人のためにイエスは来たと言うのだ。

しかし、これは宗教論として極めて優れているがゆえに、実は世俗的効用、現実的意味が全くない。

死刑賛否論議で、しばしばこの悪人正機が援用される。しかし、もし本当に死刑囚を「救う」とするなら、牢獄から、死刑台から、現実に解放しなければ意味がない。阿弥陀様が救ってくださったって、悪人である殺人犯は死刑になるにはなるのである。悪人こそ救われるとは、単に宗教的に救われるというだけで、現実的には全く救われない。

それだけではない。

現在、学校で社会で人権教育・人権啓発が行なわれている。当然、部落差別、職業差別、民族差別、障害者差別は「悪」である。この悪はどうなるのだろう。部落差別をする悪人や障害者差別をする悪人は、学校や社会がいかに非難しようと、もちろん阿弥陀様が救ってくださるというのだろうか。

宗教の論理と世俗の論理を分けるとするなら、宗教の側は、世俗では悪人とされる差別者を、差別者「そのまま」で救わなければならなくなる。そうすると、先の第一で検討した差別された人たちのための悪人正機さえ成り立たなくなるのである。

さらに、もっと重大な問題も生じる。浄土教に対する破壊、阿弥陀仏への誹謗は、どうなるのか。これはもちろん悪であるが、こんな行動をする悪人も浄土に往生できるのだろうか。浄土教を信じ、阿弥陀仏を深く信心する善人でさえ往生できるのだから、これらを侮辱し、破壊するような悪人はなおさら救われる、ということなのだろうか。

これは仮定の問題ではない。悪人正機を最も簡潔に説いた親鸞自身に突きつけられた問題である。

親鸞には善鸞という息子がいた。善鸞は父親鸞の命で関東東北方面に向かったが、そこで「異安心《いあんじん》」を起こす。異端的な安らぎ（救い）という意味である。善鸞は自分こそが父から正しい教えを受けたと主張し、その地の民衆を惑わした。これが本当であるかもしれないし、親鸞および浄土真宗正統派の一方的見解であるかもしれない。どちらであるにせよ、善鸞は異安心の廉《かど》で親鸞から義絶される。こういう善鸞は浄土に往生できるのだろうか。阿弥陀様は救ってくださるのだろうか。キリスト教でも同じ問題が生じる。イエスを侮辱し、危害を加える「罪人《つみびと》」に救いはあるのだろうか。キリスト教の場合、この罪人に救いはない。なぜならば、最後の審判による選別が待っているからである。イエスに従った者のみが永遠の命と神の王国に住むことが許されるのである。

コラム11　仏教と差別

一般に仏教は差別否定の宗教だと言われている。しかし、そんな根拠はどこにもない。確かに、この世のすべてを移ろい行くものだとし、我に執着することを否定したのであるから、当然差別をも否定している。つまり、それは一切を否定すれば差別も否定されるというだけのことであって、他の事物の中で特に差別を選んで否定したわけではない。世界中が核ミサイルを一万発も撃ち合う全面核戦争が起きれば、差別をも含めて一切がなくなるが、だからといって全面核戦争は差別を否定しているということにはなるまい。これと同じである。

現に釈迦は現在のイデオロギーからは差別としか思えないような発言をいくつもしている。

雑阿含経の「三菩提」にはクシャトリヤ（聖職者階級に次ぐ上位カースト、武士階級）についてこんな言葉がある（阿含経典Ⅳ―六二）。「クシャトリヤは若いからといって軽蔑してはならない」。クシャトリヤに限って特別扱いしている。釈迦自身がクシャトリヤ階級出身だからだろうか。

また、雑阿含経の「明闇」には旃陀羅《せんだら》（シュードラ、最下層の「賤民」階級）について、こう言っている（阿含経典Ⅳ―一〇二）。「世には四種の人がある。闇より闇に赴く者、闇より光に赴く者、光より闇に赴く者、光より光に赴く者である。闇より闇に赴くとはどういうことか。例えば、旃陀羅の家に生まれ、竹籠造りの家に生まれ、猟師の家に生まれ、貧しくて、飲食乏しく、その上、醜悪にして佝僂《くる》、多病、片目、びっこ、半身不随であるとする。その人が悪行をなし、悪語を語り、悪しきことを思ったとするならば、命終わって後、悪道・地獄に堕ちるであろう。それは、譬えれば、闇より闇に赴き、暗きより暗きに赴くがごとくである」

以上はほんの一例であるが、明らかにある階級、ある階層、ある職業、身障者を「闇」として差別的にとらえている。現代のイデオロギーに合わせて都合よく仏教を解釈しても何も解決されない。

6 仏教と独善

前節で、浄土教がキリスト教に似た一神教の構造を持っていると述べた。一神教には一神教であるが故の強い求心力があるため、独善的、排他的になりやすく、信仰を同じくする者同士でも党派的な行動をとりがちになる。日蓮宗も一神教的性格を持ち、教義上も独善性が強い。そこがまた魅力でもあり、伝統仏教の中では浄土真宗と並ぶ大宗派であるとともに、創価学会など新興宗教も日蓮宗系の教団が多い。ここでは日蓮宗について考えてみよう。

そもそも、あらゆる組織（システム、体系）は、程度の差こそあれ、排他性を本源的に備えている。組織は、国家や政党や企業といった社会的な組織にしろ、思想やイデオロギーなどの観念の体系にしろ、生物の体のような自然物のシステムにしろ、他の組織あるいは非組織（ばらばらで無連関の存在）と自分を区別し、その組織の一体性・恒常性を保っている。そうでなければ、それは組織ではない。当然、仏教教団も仏教という思想体系もその例外ではない。

寛容を説く組織ならどうかという反論も予想されるが、組織という観点から考えれば同じことである。寛容を説く組織は寛容を説かない組織に対して不寛容になるだけである。これは矛盾ではないかという批判も出るだろう。しかし、最初の寛容に対し、後の寛容はメタレベル（一周回った二周め、または、螺旋階段の一階に対する二階）にあるわけだから、同列には論じられない。こうして寛容を護るための不寛容は「潔癖」「志操堅固」という言葉になり、果ては「聖戦」が出てくる。この構造を打ち破るには、メタレベルをも超えた論理を要請しなければならない。つまり、フィールドの外にいる審判員、螺旋階段を壊す立場の解体業者の登場である。これについてはまた後に述べることになろう。

ともかくも、仏教といえど本源的に排他性は持っているのであり、中でも一神教的な性格の強い宗派、独善的な教義の宗派は、その程度が著しい。そして、そこがまた求心力ある魅力になっているのである。

日蓮も鎌倉期の新仏教を彩る一人である。日蓮は「四箇格言《しかかくげん》」でよく知られる。法華経を最も優れた経とし、それ以外の経を奉ずる宗派を激しく批判した言葉だ。それを簡潔にまとめたものが「四箇格言」であり、「念仏無間《むけん》、禅天魔、真言亡国、律国賊」という。これは当時有力だった各宗派の弱点を巧みに表現しており、日蓮もまた天才的な宗教アジテーターであり、さらにコピーライターとしても一流であったことを証明している。

念仏無間とは、念仏宗（浄土宗）を信仰していると無間地獄へ落ちるぞという意味である。確かに、阿弥陀仏は悪人でも救ってくれるというだけでは、その先に地獄が待っていることにもなろう。禅天魔とは、禅宗は独り覚りの魔物であるという意味である。禅宗については次節で述べるが、この批判もまたあたっているようにも思える。真言亡国とは、真言密教では鎮護国家はおぼつかなく国を亡ぼすことになるという意味であり、律国賊とは、西大寺律宗もまた同じく国賊のようなものだという意味である。この二つは真言宗系の宗派であった。

ここで興味深いのは、日蓮が有力他宗派すべてを罵倒しているように見えながら、天台宗（比叡山延暦寺）については何も言っていないことである。それは、日蓮自身若い頃、比叡山に学び、開祖最澄を尊崇していたからである。また天台宗では法華経が最重要経典であり、日蓮は法華経信仰のその系統に属することになる。

法華経は日蓮宗以外にも大乗仏教の間で広く重要視されてきた。日本ではその註釈書『法華義疏《ぎしょ》』が聖徳太子の撰と伝えられている。今述べたように天台宗でも最重要経典であり、そのためかつては「法華宗」と言うと天台宗を意味し、これと区別するために「日蓮宗」という宗派名ができた。

法華経は経の中の王と称されることもあった。確かにドラマチックな構成は他に見られないほどである。

法華経は、まず霊鷲山《りようじゆせん》における釈迦の壮大な説法の様子を描いた序章（序品《じよぼん》）から始まる。そこには、千二百人の菩薩・高弟、二千人の修行僧、六千人の尼僧、八万人の求法者《ぐほうしや》が集まり、釈迦を囲んでいた。釈迦は「大乗経の無量義、教菩薩法、仏所護念」を説いた後、瞑想に入る。すると、釈迦の上にあまたの花びらが降り注ぎ、釈迦の眉間《みけん》から一条の光が放たれ、世界中を照らし出した。

続く第二章（方便品《ほうべんぼん》）では、諸仏は煩悩に塗《まみ》れた濁世《じよくせ》に出現するとし、第三章（譬《ひ》喩品《ゆぼん》）では、釈迦は衆生を我が子のように思い、救いのための大きな乗物（大乗）を与えるとする。そして、もしこの経を信ぜず、毀《こぼ》ち、謗《そし》るならば、悪い報いが来ると言う。地獄か畜生界に落ちるし、人間界に生まれ変わったとしても「狂」「聾」「唖」「貧窮」「癩」となるだろう、と呪詛する。

神話的なドラマとしては見事な出来である。しかし、どう考えてもここに描かれている釈迦はその実像から遠い。釈迦が「教菩薩法（菩薩を教える法）」を説くことは、釈迦の覚りの段階でまだ菩薩概念がない以上、論理的にありえない。法華経不信の報いとしてさまざまな具体的な不幸が描かれるのも、三法印《さんぼういん》の「諸法無我」（あらゆる存在に不変の実体はない）からして（第三章第三節）、おかしな話である。

不信心への強い呪詛といい、濁世《じょくせ》に仏が現れることといい、キリスト教に類似する終末思想のようなものが感じられる。その分、物語的な教理に具体性・現実性があり、一般に受け入れられやすかったのだろう。

研究者は、法華経の成立を一世紀頃と考えており、初期大乗仏典の一つに属するとされる。大乗非仏説からすれば、当然、これも広義の偽経だということになる。

日蓮は法華経を最高の仏典と考えたが、それをさらに「唱題」（「お題目」を唱えること）に進めたことが卓見であった。

題目とは題名という意味であり、この場合は法華経というお経の題名である。それを「南無妙法蓮華経」という形で唱える。「南無」は前にも書いたようにサンスクリットの「帰依する」であり、「妙法蓮華経」は「妙なる法華経」である。つまり、法華経に帰依します、ということである。この七文字で法華経の真髄を表わし、この唱題によって功徳があるとしたのだ。言葉という象徴を操ることで外界を支配できるとする点で、密教の真言に近い発想である。

また、これが大衆に受け入れられやすいという点では、浄土宗の「南無阿弥陀仏」（六字の名号《みようごう》）に似ている。浄土宗の南無阿弥陀仏は、阿弥陀仏という一種の人格神への帰依であったのだが、日蓮宗では、経典を擬人化・擬神化したとも言えよう。このことは既に大衆の中に広がりつつあった念仏宗への対抗を可能にした。江戸文化研究家の三田村鳶魚《えんぎよ》は、南無阿弥陀仏は陰のリズムであるが、南無妙法蓮華経は陽のリズムであり現世的である、としている。これもまた大衆に好まれる要因と言える。

法華経の中には「提婆《だいば》達多《だつた》品《ぼん》」という章（品は章とほぼ同義）がある。提婆達多（デーヴァダッタ）とは釈迦の従兄弟と言われる修行者である。初め釈迦のもとに出家するが、やがて野心を起こし、釈迦を裏切って僧たちを唆《そそのか》して教団を分裂させた。しかし、この提婆達多品では、釈迦は寛容にも提婆達多は自分の「善知識《ぜんちしき》（善き友）」だとし、長い時を経た後「当得成仏（当《まさ》に仏と成るを得《う》べし）」とまで言っている。これもまた一種の悪人正機であり、やはり念仏宗への重要な対抗理論となった。共通する一神教的構造、念仏と題目、悪人正機と提婆達多品。大衆仏教として浄土教と日蓮宗は類縁の形を備えている。

日蓮宗の攻撃的な独善性は「不受不施《ふじゆふせ》」という党派性となって現れる。他教・他宗派からは何物も受け取らず、他教・他宗派には何物も施さない、という日蓮の教義・戒律である。

不受不施は現実には極めて守られにくい。日蓮宗は勢力を拡大するにつれ有力な公家や武将に庇護を求めるようになるが、公家や武将にしてみれば特に日蓮宗に入信したわけではなく、有力宗教の一つとして日蓮宗をも庇護したに過ぎない。豊臣秀吉は先祖供養のため各宗の僧侶を招いて千僧供養会を開いた。これに参加するか否かを巡って、不受不施原理主義派と現実主義派の対立が鮮明になる。やがて江戸時代に入ると不受不施派は禁圧されることになり、それでも教えを守り抜こうとする人たちは明治時代まで地下に潜った。隠れキリシタンを思わせるが、ここにもキリスト教と近縁の一神教性が感じられる。

また日蓮宗はキリスト教の十字軍、イスラムの聖戦に類する行動もとる。一五三二年、京都で法華一揆が起きた。これはほかの農民一揆などと違い、畿内に広がる一向一揆（浄土真宗）に対抗した一揆であり、山科本願寺を襲撃して焼き討ちしたりしている。現在、良心的な社会派僧侶などが仏教界の戦争責任を問う発言をするが、この「聖戦」の戦争責任は不思議なことに誰も問わない。これについては仏教の現代的意義のところで、再論しよう。

日蓮の主著に『立正安国論』がある。正法《しょうぼう》である法華経を立て国を安んずるという意味である。この中で日蓮自身に擬せられた人物は、こんなことを言う。

このところ、天変地異、飢饉、疫病などが続いているが、これは、世人が正《しょう》に背き悪に帰したため国を守護すべき善神《ぜんじん》が去ったのである。その悪とは正法を謗《そし》る源空（法然）の念仏宗である。このままでは、天変地異のみならず、仏典にあるように「四方の賊来たって国を侵す難」が起きるだろう。

この「予言」の十余年後に元寇がある。日蓮宗にしてみれば、予言があたったことになる。以後、日蓮宗には安国のために立正するという宗教目的がはっきりし、特に近代以後は田中智学の国柱会（立正安国会）など国家主義と結びつくことが多くなり、国立戒壇が称えられることもあった。日蓮宗の中には今も国立戒壇を主張する一派もある。

こうした世俗権力への「善意の野望」は宗教に必然的に生まれるものであり、信教の自由、政教分離などの近代的政治理念だけで単純に論じられるものではない。むしろ、近代的政治理念の盲点なのである。仮に政教一致（祭政一致）で現実に良い政治が行なわれていたとしたら、それを批判する論理は容易に見いだされはしないのである。

コラム12　提婆達多

提婆達多は、釈迦の前生を描いた伝説集「本生譚《ほんじようたん》（ジャータカ）」には、前世でも現世でも「無恩無報（釈迦に報恩しない）」の非道な人物として登場する。パーリ語の如是語経には「提婆達多は知者として知られ、身を修めた者として崇められていたが、怠りになずみ、如来（釈迦）を悩まして恐ろしい阿鼻《あび》地獄に墜ちた」とある。また提婆達多はマガダ国の王子阿闍世《あじやせ》に王を殺すように唆《そそのか》したという伝説もある。こうしたことを考えると、法華経に提婆達多が釈迦の善き友であり、いずれ仏と成ることができる、と出てくるのはいささか不自然である。そのため、法華経の成立には提婆達多派の人たちの関与があると考える研究者もいる。提婆達多は如是語経にもあるように相当優れた修行者であり、ある時期まで釈迦の教団で重きをなしたが、「教団に属する人々の生活を厳格に規制しようとした粛正案」を掲げたものの（岩波文庫『法華経』注）それが実現せず、分派を作ったものらしい。この提婆達多派はかなり長く存続し、玄奘《げんじょう》（三蔵法師）の『大唐西域記』第十巻第八にガンジス河西岸のカルナスヴァルナ国の記録として「別に三伽藍があり、（僧たちは）乳酪を口にせず、提婆達多の遺訓を遵奉している」とある（平凡社中国古典文学大系）。乳酪とはヨーグルトかチーズのたぐいである。本生譚にも提婆達多が乳酪を食べて腹痛を起こす話が出ているが、乳酪を忌避する戒律がそのような話に転化したのだろう。玄奘の取経の旅は七世紀のことであり、釈迦没後一千年は経過している。その時点でなお提婆達多派は続いていたということになる。

7　独覚に回帰した仏教

大乗仏教の中でも極めて特異な発展を遂げたのが禅宗である。禅宗は完全に支那起原の仏教であり、大乗仏教の一つに分類されながら小乗的な独覚性が顕著である、という特徴を持つ。

「禅」とは、サンスクリットの「ジャーナ」を漢字に音訳した言葉である。ジャーナとは瞑想のことであり、インドでも宗教的修行として広く行なわれてきた。「禅」という字は、示偏《しめすへん》が付くように、支那でも宗教的な意味を持っていた。霊山である泰山《たいざん》の支峰において天子が司る祭りが本来の「禅（封禅）」である。そういう「禅」を仏教の「瞑想修行」に当てたものである。

禅をする仏教が禅宗であるが、その中核思想はほとんど荘子《そうじ》思想だと言ってもよい。荘子はＢＣ三百年頃の支那の思想家であり、同名の『荘子』という書物もある。荘子の生没年など詳しい事績は定かでなく、実在を疑う説もある。おそらく伝承や神話、また複数の思想家の言葉が、一人の荘子という人物に仮託してまとめられたものだろう。

荘子の思想は儒教思想の反対物である。儒教は現実社会に理想の秩序を築き上げようとする積極主義であるが、荘子の思想は虚無主義的で理想や秩序を懐疑する奇想と逆説に満ちている。そのキーワードの一つが「無」である。

初期仏教では、あらゆるものは縁起の中にあり、恒常・不変の実体はない、としたが、大乗仏教では、これが「空」の思想となって結晶する。支那人は、インドからの外来宗教である仏教を理解するのに、荘子の「無」を当てはめて解釈した。これを「格義仏教」ということは前に書いた。中でも禅宗は格義仏教そのものである。禅問答が奇想と逆説に満ちていることはよく知られているが、それは荘子由来と考えてよい。

禅家《ぜんけ》の語録には、宗教的な場面では普通なら使われない意表を衝いた卑俗な表現が出てくる。

例えば『臨済録《りんざいろく》』「示衆《じしゅ》」にはこんな言葉がある。

「仏法は用功《ゆうこう》の処なし。ただ是、平常《びょうじょう》無事。屙《あ》屎送尿《しそうにょう》、著衣喫飯《じゃくえきつぱん》、つかれ来たればすなわち臥す」（仏法は何の作為も加えるところがない。平常そのままである。糞をしたり小便をしたり、着物を着たり飯を食ったり、つかれたら寝る、これである）

あるがままを受け入れるということだが、普通はわざわざ「屙屎送尿」という言葉は使わない。

また「乾屎橛《かんしけつ》」という言葉も頻繁に使われる。伝統的な便所では便壺に糞が盛り上がってくるとそれを掻き取るのにへら状の棒が用いられた。その「糞掻きべら」が乾屎橛である。『雲門録』にはこんなふうに出てくる。

「僧問う、如何なるか、是、仏。門（雲門）いわく、乾屎橛」（ある僧が問う、いかなるものか、仏とは。雲門が答えて言う、糞掻きべらである）

卑俗な言葉が使われるのみならず、自分たちの信仰の対象をその卑俗な言葉で呼ぶ。日常の価値観を完全に破摧《はさい》する逆説表現であり、そこに醜怪なユーモアも感じられる。『荘子』を見てみよう。「人間世篇《じんかんせい》」の「無用の用」（役に立たないからこそ意味がある）を説いた章に同じようなレトリックが使われている。

「解《かい》するには、牛の白顙《はくそう》なるものと、豚の亢鼻《こうび》なるものと、人の痔病《じへい》あるものとをもちいては、以て、河《か》にゆくべからず」（黄河の神の祭り「解祀《かいし》」には、生贄《いけにえ》として適さない不良品である、牛の額《ひたい》が白斑のものと、豚の鼻が天井を向いているものと、人間の痔疾のものは、河に連れてゆかない）

良いものは神の供物《くもつ》になり生贄になる。不良品で役に立たなければ、命を長らえることができる。逆説的な真理である。その例に、白斑の牛から始まって、鼻が天井を向いた豚、そして痔疾の人間、と来るところが、やはり卑俗であり醜怪なユーモアを感じさせる。

自身の信仰の対象を糞掻きべらと呼ぶようなことは、ほかの宗教では見られない。キリスト教で、イエスとは何かと問われて、糞掻きべらであると答える神父がいるとは思えないし、イスラムで、アラーとは何かと問われて、糞掻きべらであると答える律法学者がいたら石打ちで殺されるだろう。仏教でも同じである。浄土教でも、日蓮宗でも、その他どの宗派でも、大乗小乗を問わず、そうである。ただ禅宗のみ、このようなことを言う。

『無門関《むもんかん》』「趙州狗子《じょうしゅうくす》」にはこんな言葉さえある。

「関《かん》将軍の太刀を奪いえて手に入るるがごとく、仏《ぶつ》に逢《お》うては仏を殺し、祖に逢うては祖を殺し、生死岸頭《しょうじがんとう》において大自在《だいじざい》を得、六道四生《ろくどうししょう》のうちに向かって遊戯《ゆげ》三昧《ざんまい》ならん」（覚りを得ると、あたかも英雄関羽《かんう》の太刀を奪い取ったようなもので、仏に逢っては仏を殺し、祖師に逢っては祖師を殺し、生死の境目《さかいめ》で自由自在、どのように生まれ変わっても遊戯三昧、となるのだ）

字義通り解釈すれば、覚りを得ると仏をも祖師をも殺す境地に入るということになる。この「祖」を「親（祖先）」と解釈する説もあるが、これはこれですさまじい。いずれにしても、人格神としての仏への帰依は禅宗では極めて希薄になっている。今引用した『無門関』の一節は、現代語訳では「覚りを得ると」と、初めの部分を補ってある。この「覚り」は便宜的にそうしたものであり、普通は「見性《けんしょう》を得ると」とする。「見性」とは、自分を徹底的に内観することで、煩悩の向こうにある本性に気づく、という意味である。しかし、禅宗の中でも道元などは、不変の本性という考えは仏教的ではないとして、これには否定的である。確かに、この本性は「我」に近く、「真の我」を得れば大自在、遊戯三昧、と言っているように受け取れる。そうだとすれば、実体としての我を否定した仏教とは違うということになる。

これについてはすぐ後でもう一度考えるとして、まず、「向こうにある本性に気づく」という論理もまた荘子に由来していることを指摘しておきたい。

『荘子』の中で最も重要なのは「斉物論篇《せいぶつろんへん》」だが、その導入部にこんな話がある。

賢人の南郭子綦《なんかくしき》が門弟の子游《しゆう》に、お前は「人籟《じんらい》、地籟《ちらい》、天籟《てんらい》を聞いたことがあるか」と尋ねる。「籟」とは竹笛、つまり音楽である。子游は、人籟、すなわち人の奏でる音楽は当然ながら聞いたことがある。それで、地籟、天籟について師の説明を請うた。師の南郭子綦は、それに答えて、まず地籟の説明をする。それは大地の音楽、自然の中の音楽である。風が山の窪みにあたり、岩の穴にあたり、木の洞にあたり、さまざまな音楽が奏でられる。それが人間の作為を超えた音楽、地籟なのである。南郭子綦の説明に感動した子游は「先生、それなら、天籟は」と説明を請うた。南郭子綦は、まだ分からぬのかとでも言いたげに、簡潔に答えた。人籟の竹笛にしろ、地籟の山や岩の穴にしろ、「その己よりせしむ」、それ自らがそのようにその音を出している、それこそが天籟なのである、と。

天籟とは、人籟、地籟のむこうにあるそれ自体だというのである。天籟を知ることが「見性」に近いことが分かるだろう。またこの師弟の問答が禅問答を思わせることも分かるだろう。

禅宗は知的で、しかもその論理が西洋の論理とは異種のものであるため、西洋の哲学者や心理学者などで禅宗に興味を示す人が多い。真理を獲得した主体、すなわち覚りを得た自我まで滅尽してしまう、という論理である。

これは第三章第三節「無我という難問」で少し触れておいた。仏教では無我を説くが、それなら覚りの主体である我はどうなるのか、という難問である。これについて、釈迦は「洲（島）のようによりどころとすべき自己、洲（島）のようによりどころとすべき法」すなわち「自灯明・法灯明」を説いた。その自我は恒常・絶対なのかという疑問はまだ残るけれど、半面、真理を獲得する確固たる自我という論理は西洋文明においても理解しやすい。しかし、禅宗ではこれをも滅尽する。

最も分かりやすい例は、「十牛図《じゅうぎゅうず》」である。

これは覚りへの道を、牛を捕える十段階に分けて譬えたもので、特に南宋の廓庵師《かくあんし》遠《おん》のものがよく知られる。第一図「尋牛《じんぎゅう》」から始まり、牛を探し、牛を見つけ、牛を捕え、家に連れて帰る。常識的には、ここで終わりである。しかし、その後「人牛倶《にんぎゅうぐ》忘《ぼう》」となる。「人も牛も倶《とも》に忘れる」境地である。図には、それまでの段階では描かれていた人や牛の姿はなく、ただの白地である。つまり、覚りも覚りの主体も「無」になるのである。

さらにその後、自然を自然のまま受け入れ、俗世に溶け込む姿が描かれ、十牛図は終わる。

こういう思想構成も荘子由来である。賢人南郭子綦は、先の「天籟・地籟・人籟」を説く前、「喪我《そうが》」の状態に入っていた。肉体的にも精神的にも我が滅尽していたのである。これは『荘子』大宗師篇《だいそうしへん》には「坐忘《ざぼう》」として出てくる。坐ったまま一切を忘れてしまうという意味である。

しかし、天籟にしろ、坐忘にしろ、それが真実であるという保証はない。それは独り覚りであるのかもしれない。この独り覚りのことを「邪禅」「野狐禅《やこぜん》」と言う。禅に常につきまとう危険である。独り覚りして、仏を殺し、祖師を殺すぐらいなら、覚りと無縁の俗悪で自堕落な生き方をしていたほうがよほどよい、ということになる。

このあたり、日蓮が「禅天魔」と罵倒した気持ちが分からないでもない。

さらに、禅からは「慈悲」を導きにくい。禅によって自分が覚りを得たとしても、それができない衆生はどうするのか。無明の中にうごめきながら生きるより仕方がないことになる。

この点で禅宗は小乗的なのである。それが悪いと言うのではない。初めから言っているように、大乗仏教が本当の仏教だという説は大乗側の一方的主張に過ぎない。むしろ、釈迦は梵天の勧請がなければ小乗どころか独覚者として生涯を終えただろう。そう考えれば、禅宗は釈迦の本心に近い仏教だということになる。

ただ、それでも禅宗側で衆生のために妥協を選択した宗派もある。黄檗《おうばく》宗などの「念仏禅」である。禅を単なる瞑想修行と考えれば、禅はどの宗派とも結びつきやすく、その意味では黄檗宗でも本来は念仏と妥協をしたわけではない。しかし、結果的に修行者（上級者）には禅を、衆生（下級者）には念仏を、という区分けができてしまった。

念仏禅という特殊なものは別にして、坐禅には具体的な神仏を拝むという行為がなく、キリスト教で禁じられている偶像崇拝にはならないため、カトリックでは坐禅を取り入れる例も見られる。現時点では異国趣味の面が強いような気がしないでもないが、我の解釈をめぐって興味深い議論が起きるようになるかもしれない。

第五章　仏教と現代

1　仏教に何が突きつけられているのか

最近何かの雑誌記事で読んだのだが、日本の仏教寺院は今世紀の半ばには現在の九割が消滅する、と推定する社会学者がいるらしい。これをそのまま受け取るわけにもいかないが、確かに寺院は行きづまっているように思える。また、二〇一〇年末、大規模宗派の一つ浄土真宗本願寺派は重点的に都市部で布教に傾注する方針を決め、ほどなくしてそれを撤回した。今世紀に入ってから信徒数が加速度的に減少し、寺院経営が厳しくなっている中で、宗派の方針が揺れ動いているのである。

これは、江戸時代に確立された檀家制度が機能しにくくなっているからである。戦後六十余年を経て人口の流動化が進み、郷里でそのまま地付きの生活を送る人が少なくなっている。地方から東京や大阪などに移り住む人は多く、同じ大都会の中でも人口移動がある。生まれ故郷や長く住んだ町を離れるのを機に檀家を離脱する家は珍しくない。その上、団地やマンション住まいの人が多くなり、豊かさの中で生活用具は増え、仏壇を置くスペースがなくなった。また葬式や法要に対する意識も変わり、僧侶抜きの葬儀も珍しくなくなってきた。これでは寺は経済的に成り立ちにくい。

寺の後継者難という問題もある。優秀な息子ほど後を継いでくれず、もっと華やかで現代的な職業を選びたがる、というのだ。優秀な若者は、金儲けや出世を望むにしろ、生き甲斐や社会貢献を重視するにしろ、ビジネスマン、高級官僚、医者、弁護士、研究職、ジャーナリストなどを目指すだろう。こうした職業は誰にとっても憧れの職業なのである。しかし、現代では僧侶はそうした憧れの職業ではない。ほとんどは僧職を積極的に志望するわけでもなく「家業」を継ぐのである。

こういう状況を考えると、確かに仏教寺院は危殆《きたい》に瀕《ひん》していると言える。しかし、だから寺院の立直しを図ろうというのなら、本末転倒である。寺が目的なのではない。仏教が目的のはずである。仏教の根本的な再建をこそ考えなければなるまい。仏教が無意味化し、それが極限にまで進みつつあるのが、現代なのである。仏教が再建されれば、迂遠なようでも、寺院の再建も自ずから成り立つはずではないか。

私は仏教の再生を強く望んでいる。「はじめに」で述べたように、私は仏教を含むいかなる宗教も信じてはいない。ただ、宗教の文化的・社会的意義を認めている。仏教の歴史を振り返れば、そこに大きな遺産が発見できる。しかし、その遺産が見つけにくくなっている。遺産に光を当て、その発見と活用の道を示したいのだ。

そのためにまずすべきことは、良識家がよく言う仏教の社会参加や葬式仏教からの脱却ではない。第一に教理の原理的検討、これである。その上で葬儀をも含む寺院と僧侶のあり方も検討しなければならない。

仏教の社会参加は必ずしも悪いことではない。しかし、良識家たちが説く仏教の社会参加なるものは、彼らが思うほど良いことなのだろうか。

少し考えてみよう。社会参加がそれほど重要だとするなら、僧侶より政治家や官僚やその分野の専門家になったほうが効率がよい。福祉の不備をなんとかしたいのなら、議員になって福祉法の充実に力を尽くすか、福祉関係の公務員になるか、医療関係の仕事に就くかしたほうがよい。宗教者がすべきことは、ほかでもない、宗教そのものである。

しかも、宗教者の社会参加が常に良いこととは限らない。戦争中、僧侶が寺を後にして戦地に向かったことは社会参加ではないのか。日蓮宗の一派が国立戒壇を主張するのは社会参加にほかならない。イスラム教徒が聖戦テロを敢行するのが社会参加でなくて何であろう。

こう考えれば、仏教の社会参加などと安易に口にすることはできない。自称良識家の言う宗教者の社会参加は、自分に都合のよい方向でのみ社会参加を見ている。それが宗教の政治利用であり、力関係が逆転すれば宗教政治が出現する恐れさえあることに、彼らは気づいていない。むろん、政教分離を原則とする近代国家・近代政治が絶対的に正しいという保証はどこにもない。そうであれば、近代国家・近代政治なるものを疑い、これを解体する思想も当然あってよいのだが、良識家にそんな思想を提起する見識も覚悟もあるようには思えない。彼らは通俗良識を単純に信じ込んでいるだけなのである。

幕末・明治期の浄土宗僧侶、福田行誡《ぎょうかい》は仏教界の旧弊一新を図りながら、仏教観・社会観は極めて保守的であった。浄土宗の僧侶ながら殺生戒を守り、獣肉はもとより魚肉も口にしなかった。鰹節で出汁《だし》をとった味噌汁さえ飲まなかったという。しかし、そうであるからこそ宗教の国家主義的再編に距離を置いた。福田は『仏法と世法』『三条愚弁』（「現代日本思想大系⑦仏教」筑摩書房）でこう言う。

ちかごろは仏法を世のために説くべしという者あり。予いわく、釈迦如来かつて国財王位および珍宝妙衣を棄てて檀特山《だんどくせん》に入り学道あらせられたは、はたして世のためになされしか。元来世を厭うて修するのが仏法にあらずや。いずくんぞそれこの法をもって世のために説くを得ん。

出離解脱を願うて無我の法を修する我ら、なんぞ我執の敬神愛国を説き人に教えて可ならんや。元来世法と仏法とは仲が悪きものと覚悟すべし。仏法は世界の外にあるものなり。

念仏行者はむかしより念仏よりほかのことは知らぬことなれば、行者が今七、八十歳に及びたる身の、いかなる御沙汰があればとても、急に改めそれをやめにして敬神愛国のことばかりを説いて一切衆生に極楽はどうでもよいわというようなる説教はできぬぞ。

宗教者は宗教こそが本分である。国家が求める宗教者の社会参加「敬神愛国」はあくまでも世俗論理であり、仏法とはしばしば「仲が悪い」というのである。極めて保守的で頑迷な思想がかえって国家主義に対して冷静であるという逆説が興味深い。そして世俗の論理に真向から立ち向かい得る論理は宗教ぐらいしか思い浮かばない。

このことは実は極めて重要で面倒な問題を孕んでいる。

近代国家・近代社会は、政教分離を原則とし、信仰の自由を保障している。それなら、政教一致（祭政一致）を教義とする宗教に信仰の自由は認められるのか。一応、その政教一致を暴力的に実現しようとするものでない限り、認められる。それは、探偵小説が殺人事件を扱っていても、具体的に人物や方法を明示して殺人を唆《そそのか》すものでなく、あくまでも創作上の物語である限り出版が許されるのと同じである。

しかし、宗教は世俗論理と本質的に「仲が悪い」。世俗論理と真向から立ち向かい得る力を秘めている。探偵小説はしょせん趣味であり娯楽にすぎないが、宗教は思想体系である。人間を丸ごとつかみ、心理や行動を規定する。我々現代日本人はこのことを忘れがちであった。それが大きく揺さぶられたのが、一九九五年のオウム真理教事件であった。オウムは仏教にヒンドゥー教やキリスト教をごたまぜにして教義を作っていた。しかし、事件当時、宗教界は大混乱に陥り、人を殺傷するのは真の宗教ではないとか、宗祖への絶対的帰依を求めてはならないとか、自分たちの歴史や教義をまったく無視した声明を発表することしかできなかった。

思想界、論壇も、然りであった。オウム規制法は単に実務的に成立し、宗教論も近代国家論も少しも深化しなかった。評論家の吉本隆明に至っては、麻原彰晃を高く評価するという珍論を発表し、読む者を唖然とさせた。しかも、世論の反発があると急に腰砕けとなり、やっぱり無差別テロはよくなかったと言い出した。そんなことは誰にでも分かっていることである。吉本の思想は、大衆は絶対的にすばらしいとする民主主義原理主義であった。その民主主義原理主義を補強するものとして親鸞思想を理解してきたことの破綻であった。

我々は、反戦平和だとか、社会参加だとか、人権だとか、民主主義だとか、そうした通俗良識の枠内で宗教を論じ切れないことに気づかなければならない。通俗良識の立場から、通俗良識の都合に合わせて、仏教に何かを提言するのは無意味であることに気づかなければならない。

仏教の教理を根本的に検討し、それが現代文明に何を突きつけているのかをまず考えるべきなのである。

コラム13　世俗主義と宗教

二十世紀末から、西洋諸国でイスラム勢力とどう折り合いをつけるかが重要課題となっている。ドイツやフランスは安価な労働力としてイスラム系移民を流入させた結果、国内に政治的・文化的亀裂が生じた。これと連動するように世界各地で戦争やテロも頻発している。抽象的に、異文化理解、政治的寛容を称えていればすむ、という次元ではない。

フランスでは、イスラム系住民の子女が学校でヘジャブ（ベールやフードのたぐい）を着用するのを禁止する動きが出ている。そこにはイスラム勢力への暗黙の規制が感じられるが、しかし、表面的には信教の自由の原則が高く掲げられている。近代国家の原則である信教の自由を保障するためにこそ、公的な場所での宗教シンボルを排するというわけである。この信教の自由の立場を貫徹すべきか、あるいは逆に少数者であるイスラムに与《くみ》すべきか、答えは簡単ではない。これはキリスト教勢力とイスラム勢力の対立ではなく「聖と俗」（宗教と世俗主義）の戦いなのかもしれない。反対に、聖と俗の戦いに見せかけた二つの不寛容な一神教社会の角逐なのかもしれない。

我々は、江戸時代のキリシタン弾圧について、明治以後の研究や文学作品などによって、何となくキリシタンに共感的に理解するようになっている。明治の近代化の良識にも戦後の民主化の良識にも、これが合致しているからである。しかし、これも本当にそのような理解でいいのかどうか。安土桃山期のキリシタン大名大友宗麟は多くの仏教寺院を襲撃破壊している。これは十字軍と同じ一種の「聖戦」である。十字軍がイスラム世界を侵略したことは、現在良心的な歴史家からは批判の眼差しで見られているが、それならキリシタンの仏教寺院襲撃は批判しなくてよいのだろうか。前に日蓮宗信徒たちによる法華一揆が浄土真宗の寺院を襲撃したことに触れたが、これと同じ問題がそこにある。

一八六八年（慶応四年）の神仏分離令に端を発した明治初期の「廃仏毀釈」も同様である。これによって日本全国で仏教寺院が破壊され、現代なら国宝・重文となる仏像が焼却されたり鋳潰《いつぶ》された。仏教の腐敗、堕落、因習への民衆の怒りが背景にある。しかし、神仏分離令は祭政一致、国家神道を準備するものであった。その一方で、一八七二年、僧侶の肉食《にくじき》妻帯が認められ、寺院の近代化は進むことになった。だが、この「近代化」は僧侶の堕落の追認ではないのか。仏教界は世俗権力に教理を破壊されながら、何の抵抗もなく唯々諾々と、いや欣喜雀躍してこれを受け入れたのである。

宗教を論じることは、翻って我々の立脚点を考えなおすことでもあるのだ。

2 仏教の教理検討

仏教とは何か。このことをしっかりと確認しておかなければならない。それは、ここまで書いてきたことのまとめになる。

そもそも、釈迦が覚りを開き、それを説いた宗教が仏教である、ということだ。それ以外に仏教があり得るはずがない。後世少しずつ新しい解釈が加えられたとしても、基本は釈迦が説いた教えが仏教である。その釈迦こそが唯一の仏（仏陀、覚者、如来）である。一歩譲ったとしても釈迦が人類最初の仏である。

釈迦から二千数百年、その教えである仏教は変容に変容を重ねてきた。最初に根本分裂があり、それを受ける形で大乗と小乗の分裂があった。小乗仏教では金口の阿含経典を原則的に守り釈迦一仏論であったが、大乗仏教はいくつもの経典を創作し、いくつもの仏を考案した。

釈迦入滅後何百年もして成立した経典は、ありていに言って、偽経である。そこに描かれた諸仏も釈迦の与《あずか》り知らぬものである。その偽経に依拠し、その仏に帰依する大乗が、支那・朝鮮を経由して日本に入り、さまざまな宗派のさまざまな祖師たちがさらに自分勝手に仏教を解釈してしまった。これを「祖師仏教」と呼ぶ。大乗の創作した偽経や諸仏にしろ、祖師仏教にしろ、それはそれで思想的に全く無意味というわけではないが、そうしたものをそのまま仏教とすることは決してできない。

しかし、現実に寺院に参拝し、僧侶の唱えるお経を聞き、仏教書を読む人たちは、そんなにも大きく変容してしまったものを、何の根拠もなく仏教だと思っている。本来極めて知的な宗教であったはずの仏教が最も怠惰で愚かな因習と化している。これでは仏教が衰退するのも当然だろう。

仏教は釈迦の原点に還るべきである。これは各宗派にとって大手術になるが、それでもここで大手術をしないと仏教の死となり、宗派も壊滅する。一方、後で述べる通り、釈迦の原点に還るならば、そしてそれに宗派が誠実に対応する限り、宗派の危機にはならないし、寺院の再興も可能である。

釈迦の原点に還るには、日本のすべての仏教徒は、まず、大乗非仏説論を認めるところから始めなければならない。大乗仏教は釈迦の説いたものではない。実証的な歴史学や文献学が進歩した現在、富永仲基の大乗非仏説論の時代よりさらにこのことは確実になっている。これを認める知性と勇気を持つべきである。歴史学や文献学の成果に目をつぶって、どうして仏教が生き延びられようか。

広義の阿含経典（四阿含ほかの初期仏典）こそ釈迦が説いた教えの原形に最も近い。そして、その中に現れた釈迦は、梵天勧請品に読み取れるように、小乗と大乗の葛藤の中にある。そうであれば大乗は小乗を劣位に見ることをやめなければならない。それどころか、小乗はむしろ釈迦の本心である。そして、大乗はその中核となる慈悲を選び取った釈迦の決断である。このことが理解できていれば、小乗と大乗はそれぞれの道を協同しながら歩むことができる。

確認のためにまとめておこう。

小乗――釈迦の本心を受け継ぐ仏教
大乗――釈迦の決断を受け継ぐ仏教

大乗仏教が非仏説であり、大乗仏典が偽経であるとしたら、非仏説と偽経の上に成立している祖師仏教も当然仏教ではない。

浄土宗・浄土真宗が仏教と余りにもかけ離れた宗教であることは、前に書いた通りである。法華経が仏教とは縁遠い偽経であることも、前に書いた通りである。禅宗が仏教というより荘子思想であることも、前に書いた通りである。

しかし、いずれもがいくらかは仏教である。前に初期仏教について書いたところで、こう言っておいた。金の含有量が少なく混ぜ物の多い指輪を純金の指輪と呼ぶことはできない、と。ただ、本物の輝きを知った上でそれを楽しむことも可能だ、と。世界中の王族や大富豪は豪華な宝飾品をコレクションしている。しかし、実際にそれを身に着けることは稀だという。パーティーなどには精巧に作られたイミテーションを着用し、本物は倉の中に仕舞っておくのである。

祖師仏教も、それは祖師たちによる創作であると認めなければならない。ただし、それが釈迦の教えをヒントにしたものである限りにおいて、評価すべきものは評価してよい。それは、メッキではあるが、形状を巧みに再現し、かなり良くできた宝冠である。半分ほどは純金が含まれている、あるいは、五パーセントだけは純金が含まれている指輪、と考えてもよい。しかし、これを本物の宝冠だとするのは詐欺であり、純金の指輪だとするのも詐欺である。まして、釈迦の説いたことと正反対であれば、それは仏教とは言えない。いくら祖師がそのように言ったとしてもイミテーションはイミテーションであり、偽物は偽物なのである。

このことについて、祖師たちをどれほど批判しても、何の問題があろうか。だって、祖師たちは仏ではないのだから。釈迦だけが仏である。釈迦こそが仏である。仏に帰依するから仏教である。

コラム14　キリスト教と聖書テキスト批判

キリスト教では聖書研究が発達している。一九四七年、キリスト教発祥の地に近い死海周辺の洞窟から古文書が次々に発見された。いわゆる死海文書である。これは旧約聖書やその注釈書であり、従来の聖書解釈に再考を迫るものも多い。しかし、キリスト教の側はこの死海文書の保存・研究に力を注ぐことはあっても、これを妨げたり隠蔽したりすることはなかった。それはキリスト教が真実に対して謙虚であるからではない。彼らは真実などどうでもよいのである。なぜならば、真実以上の唯一絶対の創造主を信仰しているからである。神は真実さえ創造した。真実は神の被造物にすぎない。

キリスト教には三位一体という教理がある。神はただ一つであり、同時に父・子・聖霊という三つの位格（ペルソナ）がある、とする。三つありながら唯一とはどう考えても奇妙であり、理解しにくい。しかし、それでかまわないのである。というのは、人間の能力は有限、不完全であり、神は無限、完全な存在である以上、神のなさることで人間には理解できないことがあって当然だからである。『カトリック要理』『要理の友』にはこう書いてある。三位一体の理由を知ることはできない。なぜならば「完全な神の内的生命に関したことですから、私たち人間の不完全な知恵でこの理屈を悟ることはできません」。それは「人間の知恵を越える真理ですから」と。この論法はキリスト教に関するすべての疑問や批判に対抗できる最強の論理である。全能の創造神は真実をも創造したし、そうであれば、真実をも変更できるのだ。

これがあるからこそ、死海文書が発見されようが、聖書のテキストに新解釈が出現しようが、キリスト教そのものはびくともしない。むしろ、研究が進むことでキリスト教はますます精緻で広大な教義体系を作ることができるのである。

仏教は幸か不幸か、全能の創造神を信仰しておらず、その分、真実に対して臆病である。しかし、真実に負ける仏教って何だろう。真実に負ける仏教に意味があるのだろうか。仏教は「幸いにも」全能の創造神を信仰しないからこそ、真実と手を携えなければならない。

3　仏教の現代的意義

「愛」と「慈悲」

岩波書店の『仏教辞典』や法藏館の『仏教学辞典』など代表的な仏教辞典は、最初の項目が「愛」である。もちろん五十音順配列だからそうなるにすぎないのだが、これは暗示的である。仏教は愛から始まる、と言いたいのではない。全く逆である。仏教は愛を強く否定する宗教であり、これが現代では仏教を広める上で桎梏《しっこく》になっている。そのことを暗示するかのように、仏教辞典の入り口に愛が立ち塞がっているのだ。仏教について関心を持った人が仏教書を読むために仏教辞典を買ったとしよう。最初の項目を見ると「愛」が出てくる。そこにはこんなことが書かれている。

愛：人間の最も根源的な欲望。人がのどが渇いているときには、水を飲まないではいられないような衝動を感じるが、その渇きにたとえられるような根源的な衝動が人間存在の奥底に潜在している。（岩波書店『仏教辞典』）

愛：ものを貪り執着すること。あたかも渇いた者が水を求めて止まないように、欲望の満足を強く求める心。（法藏館『仏教学辞典』）

ほかの仏教辞典でも大同小異の説明である。要するに、仏教では「愛」は人や物を求め執着するおぞましい衝動という否定的な意味なのである。これが現代人には理解しにくい。さらには反感も生じやすい。現に「愛」の入った熟語や言い回しは、通常よい意味で使われる。「愛情」「博愛」「愛妻家」「愛読書」というように。

しかし、普段は気づきにくいが、悪い意味で使われる場合もあるにはある。「溺愛」「盲愛」「愛欲」などがそうだ。「愛着《あいじゃく》」も現在では「我が愛着《あいちゃく》の一曲」などと「心に結びついて特別に愛好する」という意味で使われる。しかし、この「着」は「執着」と同じなのだから、本来どろどろした感情がこもった言葉だということが分かるだろう。「このセーターは古いものだけれど、愛着があって捨てるに捨てられない」という場合、単にお気に入りのセーターという以上の何か情念を感じさせる。

こう考えると、「愛」が一義的に良いものではなく、仏教で「欲望」「衝動」などと否定的に扱われるのも理由がありそうだということが分かるだろう。

日本人が愛をほとんど常によい意味で使うようになったのはそんなに古いことではない。明治以後欧米文化が怒濤のように流入してからのことであるが、特に戦後二十年ほど経った一九六〇年代半ば以後のことである。一九七〇年代からは各種の世論調査で好きな言葉を選ばせると「愛」がずっと第一位になっているという。これは生活や意識の欧米化によってキリスト教文化が広がり出したからである。キリスト教は自分たちを「愛の宗教」と称している。

しかし、これは二重に正しくない。

聖書を見てみよう。こう出ている。キリスト教の神は「その名を『ねたみ』と言って、ねたむ神である」（出エジプト記、三四―一四）。ねたむ神であるからには、その愛は神を信じない「異邦人」には及ばない。また、ヨハネ黙示録を読めば、キリスト教が「愛の宗教」ではなく「憎悪の宗教」であることは明白である。ただイエスに従う者に限っては、貧しい者も無学な者も、それどころか罪ある者でさえ「神の愛」に満たされる。その意味でのみ愛の宗教なのである。

さらに「愛」という言葉にも誤解があり、キリスト教の側ではこの誤解を意図的に放置しているきらいがある。もともと聖書は当時の中近東地域の共通語であったギリシャ語で書かれている。そのギリシャ語には後に「愛 love」の一語に集約される言葉が次のように四つあった。便宜的にローマ文字で説明する。

アガペー agapē（神の愛、利他的な愛）

フィロ philo（広く「好む」の意味）
ストルゲー storgē（親子の愛、家族愛）
エロース erōs（性愛、恋愛）

このうちキリスト教の説く愛は当然アガペーである。しかし、普通我々は恋愛を思い浮かべる。そしてキリスト教は恋愛や結婚を中核教義とすると錯覚してしまう。この錯覚はキリスト教にとって好都合である。恋愛は「楽しい」。神の愛は義に適っていて「正しい」かもしれないが、楽しいとは限らない。人は正しいことより楽しいことを好む。人々が愛 erōs の宗教だから楽しいだろうと錯覚してキリスト教の方を向いてくれれば、布教の第一段階としては成功ということになる。

多くの人が結婚式をキリスト教の教会で挙げるようになったのは、やはり一九七〇年代以降のことである。愛を管轄するのはキリスト教だというわけである。これに対して、仏教は葬式を「分担」している。これはある面では間違ってはいない。なぜならば仏教は人間の有限性を確認し、すべては連続して生起する現象である、とするからである。死はまた縁起の中にあり必然である。

だが、この分担は仏教にとって圧倒的に不利である。楽しい恋愛と悲しい死では、誰もが前者を選択する。しかも、死は一生に一度しかない。寺院はただ一度しか商売ができない。結婚は何度でもできる。教会はそのたびに商売になる。この勝負、キリスト教の勝ちである。

しかし、仏教は有利不利で成立しているのではない。釈迦は有利不利で覚りを開いたのではない。たとえ不利であっても、教義、信仰を守って行かなければならない。そうでなければ宗教として意味はない。

だが、昨今仏教は愛は欲望であり衝動であることを隠そうとしている。キリスト教に遅れをとっているので、それを挽回しようという姑息な対応である。これは根本的に間違いである。それよりも勇気を持って仏教における愛の否定を果敢に説くべきである。現在、文明論的に見て愛一元支配とも言うべき時代になっている。これが人間の思考を単純化し硬直させている。こうした状況を克服する契機をキリスト教文明の側では提起できないのだ。

この問題は、最近、文学論、生活史、社会学などで、さまざまに論じられているが、そこでしばしば言及される先行文献に伊藤整『近代日本における「愛」の虚偽』(『近代日本人の発想の諸形式』岩波文庫所収)がある。これは戦後十三年を経た一九五八年「思想」七月号に発表された。明治期の若き文学者たちが輸入概念である「愛」に翻弄された事例を検討し、比較文化論的考察をしている。この中にある興味深い指摘を紹介しておこう。

伊藤整は、キリスト教文化とそれを輸入した日本文化の違いから説き起こす。キリスト教の愛は神を基盤とする苛烈なまでに厳格な規範概念だが、キリスト教の背景がない日本でその実現は困難である。そのギャップが虚偽となって現れる。この「愛の輸入」によって、確かにある時期、日本人は因習から解放され、進歩したかに見えた。だが、と、伊藤は言う。

この西欧の考え方は、我々を封建制度から解放し、女性を家庭の奴隷的状態から解放した。それとともに、我々を別個な虚偽、キリスト教の救済性を持たぬ虚偽の中に導き入れたのだ。

現代の空虚な愛の蔓延、愛の無意味化、さらには愛の一元支配を、一九五〇年代の時点で予言しているかのようだ。愛は人類を救わない。女性さえ救いはしなかった。ただ虚偽をもたらしただけであった。

伊藤整は、キリスト教の神を知らない東洋には「愛」ではなく「慈悲」があったと言う。人間は神の命ずるまま他者を自分と同じように「愛する」ことなどできない。だからこそ「憐れみの気持ちをもって他者をいたわる」傾向がある。それが「慈悲」である、と。

しかし、慈悲などという言葉は、昨今、昔話の中の慈悲深い長者様ぐらいしか、聞かなくなった。テレビや新聞や週刊誌にこの言葉が出ることはない。現代ではもはや死語に近い。憐れみという言葉に至っては、これを使うと、上から目線だとして批判されるほどである。

ここ十年ほどの新語で嫌な言葉の筆頭がこの「上から目線」である。そもそも「目線」という言葉はテレビ業界などの俗語で、あまり品が良いものではないが、それはさて措こう。「上から目線」が嫌なのは、上から目線であることが嫌なのではない。上から目線だと言えばそれで何かを批判できたと思う怠惰な精神が醜悪なのである。上に立つ者が上から目線であるのは当然ではないか。それのどこがいけないのだろう。社会全体の平準化圧力に同調していることを批判精神と勘違いした幼稚で甘えた連中の口にする言葉である。こんなものが批判の言葉として成り立つのは文明の衰弱以外の何ものでもない。

最近、アメリカのコミュニタリアン（共同体主義者）の思想が注目されている。法律のような人為的・制度的な社会規範ではなく、歴史や生活文化に根差した社会規範を重視しようという思想である。社会規範を国家や政治に還元して考えないという意味で、現代文明の行きづまりを打破する方向性が感じられる。現在、慈悲や憐れみが、死語になったり忌避されたりするのも、この徳目が法律や政治とは縁遠いからである。これに反し「弱者の権利」と言えば、何か開明的に聞こえるけれど、これは法律、政治、国家に還元できる言葉である。我々は、知らず知らずのうちに、ものごとを政治や国家から演繹して考えてしまっている。

こんな例を考えてみよう。

意に染まぬ徴兵で戦地に駆り出され、敗残兵の掃討作戦に従事している兵士がいるとしよう。たまたま草むらに敵国の傷ついた少年が潜んでいるのを発見した。しかし、憐れみの気持ちで見逃してやった。これは軍規に反する。また、この憐れみはその後自分たちの部隊の命取りになる恐れもある。しかし、それでもこれは人間の真情から発した行為である。これを「上から目線」だとして批判することができるだろうか。侵略者は、勝利者は、事実として「上」なのである。上に立つ者が上から目線で憐れみの心を持つことのどこが悪いのか。

立場が逆の場合も考えてみよう。

大東亜戦争の最末期、ソ連は中立条約を一方的に破棄して日本に宣戦し、満洲に侵入してきた。その結果、日本兵六十万人が抑留され、極寒のシベリアで重労働を強制された。しかし、森林伐採の作業に向かう途中、哀れな日本人にそっとパンの一かけらを恵んでくれる慈悲深いロシヤの老婆もいた。またそれを見逃してくれた慈悲深い看守もいた。ここにあるのは、共産主義にもナショナリズムにも還元されない上から目線の慈悲心である。

私が慈悲や憐れみの意味に気づいたのは、学生時代、あるマンガを読んでのことであった。

ジョージ秋山という個性的なマンガ家がいる。いくつも物議を醸す作品を描いているが、一九七〇年に「少年マガジン」に連載された『アシュラ』も人肉食のシーンが通俗良識家の批判の的になった。アシュラは戦乱と飢餓が続く中世に私生児として生まれた。母は子供を抱え、飢えに苦しみ、とうとう我が子アシュラを食おうとする。偶然助かったアシュラは、父からも母からも捨てられ、文字通り阿修羅のように生きて行く。こんな話である。阿修羅とは仏教語で人間と畜生（動物）の中間に位置する存在である。アシュラは人間としての誇りも品性もなく、生きるためには何でもする。

その浅ましくも哀れな姿を見て、僧が言う、「ふびんなやつ」。また、琵琶法師も言う、「あわれじゃわいな」。これは社会の下層にうごめく人に言ってはいけない言葉ではないか。一瞬、私はそう思いかけた。当時の良識は私にも浸透していた。今で言う「上から目線」の言葉だったからである。だが、私はこの僧たちの言葉に少しの不快感も覚えず、むしろ感動していたのである。

当時既に社会運動の中で、偽善的な「させていただく」主義が唱えられていた。私はこの卑屈さに強い違和感と嫌悪感を持っていた。この卑屈さはいずれ平準化圧力に迎合し、逆に差別や格差を隠蔽する役割すら果たすだろうという予感があった。それに対抗できる思想として仏教があるかもしれないと漠然と思った。この直感は正しかったと思っている。

我執の時代を超えて

現代病と総称される病気がある。高血圧、糖尿病、癌など、豊かさと便利さの中で増加した病気である。しかし、最もたちの悪い現代病は「自我という病」ではないのか。現代社会が爛熟した二十世紀の終わりごろから社会問題となっている「引きこもり」「ニート」「俺様化《おれさまか》」などのことである。これらは、動脈や膵臓や胃など臓器に起きる病ではなく、自我に起因する病である。さらに考えれば、自我は自我であること自体既に病であるのかもしれないと思えてくる。有限の自我を無限であると思い込み、現象であるはずの自我を実体であるとして固執するのは、当の自我自身である。

この病は病巣や病変が目に見えないだけにたちが悪い。臓器に起きる病は、各種の検査によって病像（病気の形）がはっきりし、患者当人も病識（病気の認識）がある。治療法も進歩しつつある。しかし、自我という病はそうではない。病像も病識もあるようでないようではっきりしない。治療法もあると言えばあるし、ないと言えばないし、何かの拍子で治ってしまうこともあれば、本格的な精神病につながることや犯罪などの事件を引き起こすこともある。

この病を持つ人は心理学や精神医学で「自己愛性格」と呼ばれる。性格であるからそれ自体は病気ではない。従って、これをどこから医学的治療の対象とすべき病気と言っていいのか、という疑問も出てくる。しかし、明らかに自我という病で煩悶している人はいる。自己を愛しすぎて、自己が弱いまま肥大し、社会に適応できなくなり、引きこもりやニートになったり、社会への反感を募らせて無差別殺人に走る例もある。ここまでくると「自己愛性格障害」である。これが現代社会の中で顕著に見られるとなると、社会の病気、文明の病気と呼んだほうがいいのかもしれない。

「自己愛性格」は英原語では narcissistic personality（ナルキッソス的性格）という。

水に映った自分の美貌にうっとりと見とれて水仙の花 narcissus になってしまったというギリシャ神話の美少年ナルキッソスに因《ちな》む。これを「自己愛」と和訳した学者は誰か知らないが、仏教で否定的にとらえる「愛」が奇しくもこの中に入っているところが興味深い。別言すれば、この自己愛とは仏教語の「我執」（実体のないはずの我への執着）である。

我執は現代に増殖しつつある病である。

自己愛性格障害までは行かないものの、自我に悩みいわゆる「自分探し」に振り回される人も多い。転職を繰り返し、意味のない海外放浪をし、自己啓発セミナーなどの常連受講者となるような人だ。強迫観念のように「本当の自分」を探し求めているのである。

自我は社会によってその意味が確認される。それ故に、社会が混乱し、共同体が崩壊するような歴史の激動期には、望むと望まないとにかかわらず、自分探しをする人が出てくる。応仁の乱や幕末の混乱期、百姓が野盗になったり、その野盗が豪商になったり、武士が俠客になったり出家僧になったり、そんな自分探しは珍しいことではない。そうせざるを得ないような激流が社会を襲ったのである。この激流に飲まれなかった人は素直に親の跡を継ぐか、他家へ出て手に職を付けるかした。生きるためにほかの選択はなかったからである。

しかし、社会が豊かになり、生きているだけで精一杯という状態を脱すると、自我を持て余し、自我に振り回され、本当の自分を探す人たちが現れる。

小説家でエッセイストでもある中村うさぎに『私という病』という一冊がある。心理学書でもなければ、哲学書でもない。デリヘル嬢（出張売春婦）体験記である。中村は、何者かになりたかった。なんだか分からないが、何者かである。いや、なんだか分からないからこそ、何者かなのだろう。この衝動に駆られて、中村はブランド品を買い漁り、美容整形手術も受け、ホストクラブにも通いつめた。そして、ついにデリヘル嬢を体験した。経済的要因からではない。狭義の性欲を満たすためでもない。自我を満たすためであった。

これも一種の自分探しである。「私」に取り憑かれている。ただ、中村うさぎが凡百の自分探したちと決定的に違うのは、自分探しをする自分を見つめる聡明な自分がいるということである。中村のこの自分は聡明であるのみならず、苦行者のように求道的でさえある。わざわざ選んで自分を痛めつけ苦しめているからだ。読者としてはこの苦行者を見ることはスリリングである。それはインド観光で苦行者を見ることと同じなのだろう。

だが、釈迦は自分も苦行に励んだ果てに中道を覚った。苦行はまたこだわりであり、そうであれば無意味なのである。それよりも我執を捨てることが道に適っている。

現代社会は経済的に豊かになり、共同体の拘束力が弱まり、個人の自由度が増した。それは一見良いことのように見えながら「俺が俺が病」があちこちに出現した。社会は砂粒のようになった人々を入れる砂の器となり、黒い我執が現れたのである。しかし、だからといって、共同体の拘束力をむやみに強めることは時に危険が伴う。豊かな社会が急に貧しくなり、肥大した自我を絞るようになることも考えにくい。そうであれば、仏教こそが我執を捨てよと呼びかけなければならない。これこそが仏教固有の哲学的使命ではないのか。

仏教の根源的な弱点

この章では、ここまで、現代社会の欠陥を仏教こそが克服しうるという話をしてきた。今度は逆に仏教の弱点と言うべきものについて触れておきたい。弱点といっても、先に書いた「愛」の問題のような、ただ現代人が仏教を誤解しているが故の弱点のことではない。そうであれば、その誤解を解くよう果敢に布教活動をすべきである。しかし、もっと根源的な弱点が仏教にはあるように思える。それは経済発展の問題とジェンダーなどの女性問題である。

まず、経済について述べることにしよう。

社会の物質的豊かさはもちろん経済の充実を基礎としている。そして、経済を駆動するものは人間の物質欲・金銭欲である。つまり欲望が社会を豊かにしたのである。当然これには裏面があって、社会の豊かさの陰にはその犠牲になった人たちがいる。これを救済しようという思想や運動はかなり昔から存在した。典型的には社会主義であるが、一九八九年に始まるソ連圏の崩壊によって、これは一気に色褪せた。支那はその前後から「社会主義市場経済」に舵を切った。しかし、これは単に一党独裁資本主義の別名に過ぎない。総じて資本主義が圧倒的に優位に立ち、あとはその適度なコントロールを考える、ということになっている。

現状ではその通りである。しかし、資本主義はもとより、それを奪取して進化した（と自称する）社会主義も、富の蓄積は欲望がもたらしたものであることを否定できない。動物にはこのような富を蓄積する欲望はない。腹いっぱい食えればそれでよしとする。だがそれでは社会的な富の蓄積はない。消費限度の何倍、何十倍、何百倍もの生産があって初めて富は蓄積され、豊かな生活が登場する。動物にはそれがない。

仏教では欲望を否定する。欲望からの脱却を唱える。個人においてはそれでいいだろう。しかし、社会がそうなら経済は停滞し、豊かな生活は破綻してしまう。実は、仏教は資本主義とは相性が悪いのだし、社会主義とも相性が悪いのである。そもそも経済活動、富の蓄積と、相性が悪いのだから。

資本主義の形成にキリスト教の精神が重要な役割を果たしたとする説がある。

本来キリスト教も富の蓄積と相性は悪かった。「富める者が神の国に入るより、駱駝が針の孔を通るほうが容易である」（マタイ伝一九—二四）、「明日のことを思い煩うな」（同六—三四）と、聖書にもある。しかし、マックス・ウェーバーは有名な『プロテスタンティズムの倫理と資本主義の精神』で、プロテスタント神学者ジャン・カルヴァンは「世俗人の使命」「世俗内禁欲」という概念でこれを覆したと、論じる。これによって、貪欲ではなく禁欲的な使命として蓄財が裏づけられた、というのだ。この本の刊行から一世紀以上経った現在ではいくつか異論も出ているが、キリスト教と資本主義を文化的に結びつけた着眼の良さは高く評価できる。

一方、仏教では一人のカルヴァンも一人のウェーバーも生んでいない。これが、覚りの宗教と救いの宗教の違いによるものなのか、あるいは仏教史の特殊性によるものなのか、私の手には負えない大テーマである。ともかくこの問題を理論的に解決しない限り、仏教は資本主義とも社会主義とも齟齬を来すだろう。

　もう一つの仏教の弱点は、女である。というよりも仏教を含むほとんどの宗教で、女は否定的な存在か、せいぜい副次的・補助的な存在として扱われている。キリスト教もその例外ではない。聖書によれば、悪魔の手下である蛇に唆されたイブが禁断の木の実を食べ、さらにそれをアダムにも勧めた。それを知った神はイブに言う。「私はおまえの産みの苦しみを増す。おまえは苦しんで子を産むだろう」（創世記三—一六）。女は神に呪われて出産という苦役を背負わされたというのである。また神は「父なる神」であるし、神父（英語でもFather）は「父」だから男しかなれない。

　こうした男権主義に対し、フェミニズム運動の中から当然のように批判も現れた。それに応えて、神に性別はないはずだから「親なる神」と言い換える動きも出てきたし、女の牧師（「牧師」はプロテスタントでの名称）も認めるようになった宗派もある。それでも、神が女を呪詛した言葉はさすがに変更はできないし、全体的に男性原理に貫かれていることは間違いない。

　近世以後に出現した宗教、特に女教祖の宗教、例えば日本の天理教などにはこうしたことはない。むしろ女を汚れたものだとする世の風潮を厳しく批判している。

これは時代や民族などの背景が違うからである。しかし、そう納得するのは宗教を「外から」見ているからである。宗教を「内から」すなわち信仰する側から見れば納得はありえないだろう。ここで納得していては、世俗の思想と同じである。議会主義という政治思想では、時代や民族によって、参政権を与える範囲を変更したとしても何の問題もない。しかし、宗教はそうはいかない。信仰を守るか、批判に屈するか、二者択一である。もし、批判をも取り込もうとするならば、教義を原理的に解釈し直さなければならない。

それでは、仏教では女をどう考えているか。基本的に覚りの妨げになる存在と考えている。増一阿含の中にある釈迦と高弟アーナンダ（阿難陀）の次のような問答が典型である（阿含経典VI―一五〇）。

「世尊よ、わたしどもは、女人をどのようにすべきものでありましょうか」
「アーナンダよ、見ないがよろしい」
「世尊よ、見た時には、どうすればよいでありましょうか」
「アーナンダよ、話をしないがよろしい」
「だが、世尊よ、話しかけられた時には、どうすればよろしいでありましょうか」

「その時は、アーナンダよ、用心するがよろしい」

とにかく避けて関わらないことだとするのである。当然それは修行の妨げになるからである。ここでは修行の主体は男だけである。女は主体でないのみならず、妨げでしかない。これは前述の通り、ほとんどすべての古代起源の宗教に共通する男性原理である。

ここで考えなければならないのは、男女の立場の入れ替え可能性である。さきほどの問答では、恋愛やセックスへの忌避、警戒ではなく、女のみが忌避、警戒されている。なるほど恋愛やセックスは、修行に限らず、あらゆる物事の妨げになりがちである。高校生の受験勉強だろうが、スポーツだろうが、社会人になってからの仕事だろうが、それに集中するには、恋愛やセックスに時間やエネルギーを割く余裕はないとする考えに、全く意味がないわけではない。しかし、それは男女を入れ替えても同じことではないか。男にとって女が修行の妨げになるなら、女にとって男は修行の妨げになるのではないのか。つまり、修行の妨げは女ではなく、異性なのではないのか。女のみ覚りの道から遠い忌むべき性だとする根拠はどこにあるのだろう。

これは男女が本質的に違うのか違わないのかという生物学、生理学、心理学などに関わる問題である。本質的に違わないとすれば、男女は入れ替え可能であり、両者は「対称的」関係だということになる。本質的に違うとすれば、男女は入れ替え不可能であり、両者は「非対称的」関係だということになる。

これについては、さまざまな研究や理論が発表されては乱立し、確定した理論というものはない。ただ、性（男女の特性）には先天的な「生物学的性」と後天的な「文化的性」があるとすることでは一致している。現在、一方の極に、出産・授乳のみが生物学的性であり、それ以外はすべて文化的性である、とする考えがあり、反対の極には、出産・授乳のみならず、母性・包容力・柔和さなど、いわゆる「女らしさ」の多くが生物学的性に由来し、文化的性といえるものは多くない、とする考えがあり、この両極の中間にいくつもの説がある。

女の命は恋であるとか、男次第で女は決まるとか、現在でも演歌や女性週刊誌では、そう語られる。これが生物学的に証明できるか否かは、先に述べたように簡単には決しえない。しかし、それが仮に文化的な性であろうとも、現実にその傾向はあり、古代においてその傾向はさらに強かった。そうした愛のどろどろの中で苦しむ女たちにとって、釈迦の教えはいくらかは救いとなったらしい。

岩波文庫に『尼僧の告白』という一冊が収録されている。何だか好色読物を思わせる題名だが、ほんの少しだけその勘違いはあたっている。愛のどろどろから抜け出ようとして苦しんで尼僧になった女たちの心を偈《げ》（詩）にしたものである。原題は「テーリーガーター（長老尼の詩句）」と言い、スリランカなどのパーリ語仏典ニカーヤ（阿含経と同類の初期仏典）の小部経典にある。

この中に登場する尼たちは、未亡人となって苦労を重ねたり、悪い男に何度もだまされたり、娼婦・遊女の境遇にある身を嫌悪したり、という過去を持つ女である。もと遊女であったヴィマラー尼はこんなふうに語る（七二、七三、七五、七六）。

我が身の容色と姿と幸運と名声とに酔いしれ、若さに頼って、私は、他の女人たちを見下していました。
愚かな男たちの言い寄るこの身体を、いとも美しく飾って、網を広げた猟師のように、私は娼家の門に立っていました。
その私が、今や、頭髪を剃り、大衣《だいえ》をまとって、托鉢に出かけて、樹の根もとで、〈苦悩を超えた境地〉を体得して、坐しているのです。

天界と人間界の束縛は、すべて絶たれました。すべての汚れを捨てて、私は清涼となり、安らぎに帰しています。

しかし、その一方で愛欲の煩悩を滅尽したとは思えない尼たちの話もある。その一人サーマー尼は語る（三七、三八）。

四度も五度も、私は精舎（僧院）から抜け出しました。――平静を得ず、心を制することができなかったので。その私が、第八夜に、私の妄執を根絶やしにすることができました。苦しみをもたらすことがらが多いから、私は努め励むのを喜び、妄執を滅ぼし尽くす境地を体得しました。仏陀の教えを成し遂げました。

今で言う恋愛依存症、セックス依存症のたぐいだろうか。ジゴロのような男から逃げて尼僧院に駆け込んだのだが、しばらくするとまた男のもとに走った。そんなことが四度も五度もあったというのである。愚かなり、我が心。そして、おそらく六度目のことだろう、また尼僧院に駆け込んで瞑想すること八夜にして、妄執を滅ぼし尽くしたという。しかし、私にはこのサーマー尼の言葉は信じられない。この言葉の何カ月か後、六度目の尼僧院からの脱走を図っただろうと思う。過去を持つ愛情、尼らのどろどろ偈《げ》詩。暗い吐き気が感じられる。『尼僧の告白』は、演歌、ファド、ジャズボーカルの世界である。確かに、女は男より愛欲の泥沼の中にいるように見える。そうであれば、女は修行の妨げであり、成道《じょうどう》から遠い存在だということになる。だが、尼僧院の塀の外からサーマー尼を四度五度と誘惑したのは男ではないか。ここでも男女の入れ替え可能性の問題が立ち現れる。仏教はこれに答えうるだろうか。

しかし、こんな評価もある。

仏教における「尼僧の教団の出現ということは、世界の思想史においても驚くべき事実である。当時のヨーロッパ、北アフリカ、西アジア、東アジアを通じて、〈尼僧の教団〉なるものは存在しなかった。仏教が初めてつくったのである」（中村元、『尼僧の告白』あとがき）。

それでもなお、女は男より成道から遠い存在だとされていることは否定できない。大乗仏教では、釈迦以外にも覚りを得れば仏になりうるとしている。だが「女人成仏」を果たすには、いったん男を経由しなければならない。法華経などに見られる思想で、これを「変成男子《へんじようなんし》」という。女性器が男性器に変じ、女から男に変ずる。そして仏になる、というわけである。

この迂遠さを、思想史においてほかの宗教より優れているという「外の論理」ではなく、教理そのものの「内の論理」として説明しなければならないだろう。

4　僧侶と寺院

仏教再生の根幹となるのは教理の原理的検討である。次いで制度的改革である。すなわち、僧侶、寺院をどうするかという問題である。これが機能不全に陥っていることは、この章の初めに書いた。寺院は加速度的に減少しているし、僧侶は人気職業の中には入らない。これは仏教が「葬式宗教」に堕しているからだとするのが、良識的通説である。本当だろうか。

この通説の支持者たちは、僧侶たちは「聖職者」たれと本気で思っているらしい。僧侶たちが聖職者になったら優秀な若者たちが次々に僧職に殺到し、寺が葬式をやめたら巨大な堂宇や伽藍がそびえ立つのだろうか。全く逆に、僧職の志望者はますます少なくなり、寺は次々に廃寺となるだろう。寺の跡地には安っぽいマンションやコンビニが建って町や村の風景は一変し、身内が亡くなっても葬儀は困難になるだろう。教理の原理的検討ができない連中に限ってこの種の通俗良識に沿った制度改革を口にするのである。

このような通俗良識と違って、私は、僧侶は「仏教労働者」であると考える。仏教労働者であるとともに聖職者であってもかまわないが、それは必要条件ではない。最低限問われるのは「職業倫理」である。

こんな例を考えてみよう。

左翼政党の機関紙やパンフレットを印刷している印刷会社があるとしよう。こうした印刷会社には、これまでのつきあいから、その左翼政党の党員や同調者である社員が多いだろう。しかし、その印刷会社の社員は、その左翼政党を生命がけで支えなければならないわけではない。それよりも、印刷物に誤植が出ないようにし、刷り上がりが美しくなるようにすることが、一番大切である。むろん、顧客である左翼政党の内部事情を外部に流すようなことは、職業倫理の上から許されることではない。しかし、顧客に殉ずる必要はない。自然に顧客への親しみや身びいきの感情は湧くだろうし、それ故の共鳴もあるだろうが、そうでなくても、敵対さえしなければよいのである。

これと同じことなのである。

僧侶は仏教労働者でいっこうにかまわない。その中には厳格な戒律に従い、不飲酒戒どおり一滴の酒も飲まず、不邪婬戒は釈迦よりも厳しく守って生涯一度の妻帯すらしたことがないという僧がいても、それはそれでよいだろう。また逆に、信仰心はなく、それでいて、サンスクリット文献はすべて諳《そら》んじているような大碩学がいても、何の問題もない。しかし、どの場合も仏教労働者としての職業倫理だけは必要条件として問われるのである。

僧侶の所属する寺院も同じことである。これを「仏教文化施設」ととらえる。現実に寺院は既にそうではないか。由緒ある寺は、現実に、美術館、博物館、歴史資料館などの文化施設と同じような役割を果たしている

寺に対する批判の一つに、観光寺院になっているというものがある。

観光寺院でどこがいけないのだろう。温泉は観光温泉ではないのか、万里の長城は観光長城ではないのか、グランドキャニオンは観光渓谷ではないのか。それらが、観光施設として不適切に運用されているのなら、批判もありえよう。歴史的遺物を破壊

したり、極めて不潔なまま放置したり、不当に高価な利用料を徴収したり、といった運用がされていれば、改善を求めるのも当然である。しかし、適切な運用であれば、観光であって当然だろう。文化施設も観光資源の一つである。寺院が観光資源である文化施設であってていけない理由などどこにもない。

むろん、どの文化施設、観光資源も、それぞれの特色や成立事情がある。あくまでも宗教施設であるとして一般公開を拒否する寺院もあって当然だろうし、修行の場であるとして清浄な雰囲気を保ちたいとする寺院もありうるだろう。美術館だろうと、音楽ホールだろうと、温泉だろうと、万里の長城だろうと、グランドキャニオンだろうと、なんら変わるものではない。

僧侶は、寺院という文化施設の管理者であり、運用者であり、学芸員である。特に由緒があるわけでもない町中《まちなか》の普通の寺院でも、地域の文化センターの役割を果たし、町のランドマークになり、一般住宅より広い敷地は緑地保存の意味もある。信仰心を持とうと持つまいと、仏教労働者が、それを適切に管理し、運用することは職業義務である。

「葬式仏教」についても考え方は同じである。現在さまざまな批判が出るのは、葬儀業として不明朗・不適切な業態だからである。

宗教が人間の有限性に発するものである以上、死を確認し、死の衝撃を和らげる儀礼に関わることは当然である。儀礼が人間生活のあらゆるところに見られることは、前にも書いた。もちろん、時代や民族ごとに違いや変化はあるのだが、葬送儀礼が全くなくなることはありえない。散骨や樹木葬などの自然葬、僧侶に頼らない友人葬、といった新しい葬儀も広がっているし、共感できるところも多い。私自身、葬儀で僧侶にお経を読んでもらおうとは思わない。しかし、こういった新形式の葬儀が従来型の葬儀を完全に駆逐するとは思えない。やはり多くの人は儀礼にふさわしい執行者を要請するだろう。

そうであれば、僧侶・寺院に求められているのは葬式仏教からの脱却ではない。葬式仏教としての成熟、業務の適正化である。仏教は葬式仏教だから駄目なのではなく、葬式仏教でないから駄目なのである。

ここでも中途半端な聖職意識が事態を不透明、不明朗にしていた。例えば、戒名である。これは、本来、仏道に入った証として俗名とは別に付けられるもので、僧侶の法名と同じ意味を持つ。死んでからそんなものを付けても意味はない。戒名を付けるなら生前である。もし、僧侶が聖職者だとするなら、これを徹底すべきだろう。そうではないとするなら、戒名授与は一種の入門儀式なのだから料金を明示すればいい。

日舞教室だって邦楽教室だってそうしているし、英会話教室だって算盤塾だって柔道場だって、入門料は取るし、資格検定料はとるのである。

そもそも葬儀に関する産業は日常的に頻繁に利用するものではないから、業態が不透明である。葬儀屋が、毎年ご愛顧いただいているので、来年は棺桶を一つおまけします、などということは起きない。これを近代的サービス産業として改革しようとする動きが出てきた。原価計算をはっきりし、しかるべき利潤を乗せて、遺族の意向も聞きながら適切な葬儀を行なうという葬儀業者が見られるようになった。僧侶、寺院も、葬儀執行業として意識改革、業務改革をしなければならない。

補論１　西洋における仏教評価

本文では西洋における仏教の評価について少しだけ触れておいたが、ここでやや詳しく補論しておきたい。この補論は本書を読んだ後のまとめにもなるだろうし、人によっては序論になるかもしれない。

我々は自国の文化の価値を、しばしば欧米経由で知る。浮世絵がその典型で、十九世紀フランスの印象派の画家たちによる注目でその真価を知ることとなった。こういったことは、残念だと言えば残念、情ないと言えば情ないのだが、一面ではやむをえないことだとも思える。近代においては西洋文明が世界を圧倒する力を発揮し、我々もその影響下で思考してきたからである。外国経由であっても自国の文化の価値を再認識できることは悪いことではない。

仏教についても、欧米でしばしば関心が起こり、それが日本で報道され、なんとなく我々の自尊心がくすぐられる、ということがある。しかし、その仏教への関心を少し詳しく検討してみると、逆に我々の仏教認識の誤りが浮き彫りになるだろう。

日本における仏教の大宗派は、浄土宗・浄土真宗などの浄土教系と日蓮宗系が大多数を占め、しかも日蓮宗系のうちのまた大多数は創価学会・立正佼正会・霊友会の新興宗教である。我々が日常的に寺院・信徒・教説として接する仏教とは、これらの大宗派のことである。しかし、これらの宗派が欧米で関心を持たれたり、思想界に深甚な衝撃を与えたことなど一度もない。創価学会が一部の国でカルト（狂信宗教）指定され、社会現象として注目されたり論じられたりすることはあるものの、宗教哲学として評価されたことはない。欧米で注目される仏教とは、阿含経を中心とする初期仏教と支那において荘子《そうじ》思想の影響下で出現した禅、実質的にこの二つだけである。

その理由は、浄土教も日蓮宗も西洋文明にとって思想的衝撃になりえないからである。

本文でも述べておいたように、浄土教の阿弥陀信仰はキリスト教類縁の信仰であり、発生系統にも近いものが指摘されている。近代浄土真宗教学（キリスト教における神学に相当する）の成立に強い影響を与えた清沢満之《きよさわまんし》（一八六三〜一九〇三）は、浄土真宗がキリスト教に類似するからこそ、土俗信仰ではない近代宗教たりうると考えた。それは慧眼と言えば慧眼と言えようが、第二キリスト教論にすぎない。そうであれば、キリスト教本家の欧米で浄土教に注目する者はいないだろう。自分たちの文明の気づかなかった思想が説得力を伴って迫って来る時のみ、注目もし衝撃も受けるのである。

日蓮宗も、本文で触れたように、法華経にはキリスト教類似の終末思想が顕著である。また、三つの仏身のうちの一つ法身《ほっしん》はプラトンの言うイデアに相当することも指摘しておいた。イデアは、それが万物の不変恒常の本質である以上、時空を超えて普遍として存在することになる。同じように、法身としての釈迦仏は、応身《おうじん》（歴史上実在した釈迦）とはちがって、何万年何億年も前から存在していることになる。これを「久遠実成《くおんじつじょう》」の仏と言い、法華経で強調される。プラトンのイデア思想は、神話という物語によって成立しているキリスト教を理論化する上で重要な役割を果たした。逆に言えば、キリスト教はプラトン思想を物語化していると見ることもできる。西洋思想は、このプラトン・キリスト教思想を軸として、二千年の間これをあるいは敷衍《ふえん》しあるいは変奏しあるいは否定して成り立ってきた。そうであれば、キリスト教類似の終末論やプラトン思想近縁のイデア論、さらには『立正安国論』のようなナショナリズムを説く日蓮宗に、欧米の思想界が関心を示すことはないだろう。

欧米で関心を持たれるのは、自分たちの思考と根本的に異なる思考としての仏教なのであり、それが初期仏教と禅なのである。

禅は、本文で「独覚に回帰した」と述べたように、大乗の一派でありながら、小乗的色合いが濃い。進化論で「収斂《しゅうれん》」または「集中」ということが言われる。動物が無脊椎動物から脊椎動物に進化し、やがて海から陸に上がり、爬虫類から哺乳類が生まれ、その哺乳類の一種は再度海に帰って鯨となった。その鯨は魚偏がつくように、かつては魚の一種と見なされたほど魚形になっている。これが典型的な収斂である。禅も荘子思想と接することでかえって小乗仏教に、またその中核にある初期仏教に回帰して行った。

では、仏教のどんなところが西洋文明に衝撃を与えたのか。

それは、プラトン・キリスト教思想と正反対とも言える思想が、単なる戯言や妄説ではなく、体系性を持ち文化として成立していることである。その特徴は、すべては連続して生起する縁起であり、物事の本質としての実体なるものは無く、自我（魂）もまた同じである、とするところである。無常、無我、という言葉に集約されるだろう。対するに、プラトン・キリスト教思想では、超越者である神あるいはイデアに保証された実体も自我もあり、そうであれば、神・イデアに背きさえしなければ、無限や完全に至りうる、永遠の生命さえ約束される、と考える。仏教ではこれを否定するのである。

この二つの対極的な思想は、私のように仏教を高く評価する非仏教信者にとって、思想の二大原形に思える。この二者は、良し悪し、優劣を簡単に判別することはできず、常に人間の思考の中に存在する原形なのである。だからこそ、仏教史の展開の中でキリスト教やイデア論に類似する浄土教や日蓮宗も出現する。このことをもって、仏教もキリスト教も目指すところは同じだと言うことは、むろんできない。同じではないから、二つの原形と言ったのであり、二つの基軸と言い換えてもいいだろう。

西洋文明が自らにとって対極的な思想である仏教に最初に衝撃を受けたのは、恐らくミリンダ王だろう（第三章第二節後半部分）。ミリンダ王の身につけていたヘレニズム的教養とは正反対の思想を仏教に見出したからである。ミリンダ王以後、十九世紀まで、仏教の西洋思想への顕著な影響は観察されないようだ。

十九世紀になって宗教学が始まる。これは教理を信じるための学問である神学ではなく、信じると否とに関係なく宗教を客観的に研究する学問である。その創始者がドイツ系イギリス人Ｆ・Ｍ・ミュラーである。ミュラーの著作は以前から邦訳が出ているが、いずれも絶版状態であり、また訳文もこなれず読みにくかった。二〇一四年に国書刊行会から出版された一冊本選集『比較宗教学の誕生』は、一般読書人には大部《たいぶ》にすぎるものの、訳文・解説ともに優れ、ミュラーの全容がつかみやすい。

ミュラーは、初め言語の系統研究に従事したが、その中でサンスクリットの阿含経仏典に出会い、仏教そのものの研究を始めた。同書所収の「宗教学序説」は、英国王立研究所で行なった講義録であり、ミュラーの宗教論の代表著作である。ミュラーはこの中で、宗教を成立させているのは「無限を感知させる能力」だと言う。本書第一章で私が「有限性の自覚」「無限の表象」と述べたことと同旨である。ところが、ミュラー自身は西洋人であれば当然のようにキリスト教徒であり、人間は有限であるからこそ無限である神を信仰すると考えている。従って、ミュラーから見た仏教は「宗教の本質において対極」であり、「人間の真理から遠く引き離されている」。しかし、そんな宗教が体系性・整合性をもって成立していることに衝撃を受けるのである。

この衝撃は、I・カントの衝撃に通じている。カントは『純粋理性批判』で理性の限界を説いた。同書で言う「理性」とは「推論能力」と言い換えた方が分かりやすく、「批判」も「検討」と言い換えた方が分かりやすい。推論は、無限や究極や絶対に至ろうとするが、それは矛盾撞着(アンチノミー)に陥る、とするのが、大雑把に言ったカントの主張である。そうであれば、無限や究極や絶対に至りえないことを承知しつつ、人間は実践的規範を考えなければならない。それが『実践理性批判』である(この「批判」も「検討」の意味)。これは、永遠や完全についての議論を「戯論《けろん》」

「無記」として退け、執着という毒矢を抜く「実践」を説いた箭喩経《せんゆきょう》（第三章第二節前半）と同じことを意味している。カントは、神やイデアに依りかかる、その分安易でもあるプラトン・キリスト教思想に大きな打撃を与え、近代科学思想を準備することにもなった。

ミュラーが仏教を発見したのも、カントを基盤にしている。ミュラーは『純粋理性批判』の最初の英訳者なのである。ドイツに生まれ育ち後にイギリスに住むことになったミュラーは、カント思想を正しく理解し、その重要性を認識し、それ故、カントに先行する二千数百年前の釈迦の思想を発見したのである。

仏教の衰退、危機が叫ばれて久しい。これに対し、誠実な仏教者たちがさまざまな取り組みをしているが、残念ながら思いつきだけの弥縫策が多い。欧米でも仏教が注目されているという評価も、その例に漏れない。その評価の実態も意味も分からず喜んでいても何にもならない。それは、瀕死の重病人にとってむしろ最後の一押しになるかもしれない大手術を求めているのである。この大手術に耐える体力と覚悟を作っておかなければならないだろう。

補論2　葬式仏教待望論

本書の元版が刊行されたのは、二〇一一年七月であった。同年三月の東日本大震災から四カ月しか経っておらず、大破したままの原子力発電所も頻発する余震も日本中を覆う不安となっていた。

東北の現地では、被災者の不安と絶望感は深刻であった。これを支援すべく全国からボランティア団体が集結し、瓦礫の片づけや避難所での補助をして被災者を励ました。こうしたボランティアの中には僧侶たちの姿もあった。剃髪の彼らは僧侶であると一目で分かり、そうなると、被災者たちは、お坊さんならお経を読んでやって下さい、と依頼した。被災地では津波で寺は流され、住職も自ら復興に尽力しなければならない。僧侶の数は足りず、被災者たちは、肉親や縁者たちの葬儀も七日ごとの法要もできない。そうした状況で、ボランティアに来た僧侶たちに求められたのは、瓦礫の片づけや避難所の手伝いではなく、仮埋葬所での読経だった。

こうした僧侶たちは、ボランティア活動をするような人であるからには誠実な宗教者であり、読経の要請にも誠実に応えた。同時に、これまで意識しなかった自省の念も起こった。自分たちは、衰退する仏教の将来を憂え、葬式仏教からの脱却を主張してきたのだが、大震災のような災厄の場で実際に求められているのは葬式仏教だった。自分たちは、何か見当ちがいの仏教改革を考えていたのではないかという新たな悩みが湧いてきたのである。

さらに、被災者の中には「見える」と訴える人もいた。むろん、昨今流行の心霊スポットのたぐいではなく、亡くなった人への追慕の念と生き延びた自分を責める気持ちによるものであり、夢に亡き人の姿を見るのと同じ心理現象である。病人を最期まで世話し、亡くなった後の葬儀や法要によって、その死を受け容れれば、このような現象は起きにくい。突然の死、しかも偶然が自分と死者を分けた不条理感が、残された人を苦しめていた。この苦しみもまた葬儀や法要によって癒されるだろう。

近時、医療の現場で「グリーフ・ケア grief care（悲しみの手当て）」ということが言われる。狭義の治療の他に、患者が亡くなった後の遺族の心の痛みを癒すことも、広義の医療の一つとして考えられるようになってきた。ここに宗教者が加わることも多い。こうした意味において、実は葬式仏教の役割は大きいのである。

もちろん、そのためには因習と惰性の中にある葬式仏教を改革し、本来の葬式仏教を提起しなければならない。それは高額なお布施や形式に堕した戒名などの見直しに止まらない。仏教の教理、あるいは教派の教理の検討も考慮しなければならない。

一例を挙げれば、葬儀の習俗には「死穢《しえ》」の問題がつきまとっている。これは仏教本来の思想と無関係の習俗観念であるが、死への忌避感として死の恐れと共通の基盤があり、長く日本の仏教界を支配してきた。通夜などの時に読まれる「枕経《まくらぎょう》」がある。宗派や地域ごとに経の種類は少しずつちがうが、これは事実上、魔除けの呪文の意味しかない。死は悲しみであるとともに穢《けが》れでもあり、穢れであれば魔物を招き寄せることになる。しかし、枕経として読まれることも多い般若心経に穢れや魔物についての記述など一言たりともない。経の意味が分かっていないからこそ呪文として用いられる。経に書かれた「真理」を伝えることを仏教者として最優先するなら、意味不明の単なる呪文と化した読経は批判しなければならない。

とはいうものの、儀礼には必ず所作などの形式が伴う。そうであれば形式としての読経もありうる。これを重視することに意味がないでもない。本文で、寺院を文化施設、歴史資料館として見ることを提唱しておいた。儀礼も資料館の資料と考えるべきだろう。仏教と本来無関係なものは無関係としつつ、民俗資料として残すこともあってよいのである。

私が葬式仏教待望論というのは、以上のような意味であり、これは、現在の仏教界にとって葬式仏教否定論よりもっと実現困難かもしれない。逆に言えば、仏教界はそこまで追いつめられているのである。

あとがき

宗教として仏教を信じているわけではなく、哲学として仏教を専門的に学んだわけでもない私がこのような本を書くきっかけとなったのは、友人たちがあまりにも仏教について何も知らないことに気づいたからである。小乗仏教が釈迦一仏論であることも知らない。禅宗がほとんど荘子そのものであることも知らない。現象学が仏教に大きな関心を寄せてきたことも知らない。一般の善男善女はもっと何も知らない。そして目茶苦茶な俗流仏教書をありがたく読んでいる。

これは仏教入門書を書かなければいけない。そう思ったのはいいが、私だってただ仏教書を乱読してきただけである。それでも、友人たちと話すと、おまえの仏教についての話はよくわかると、まあお世辞半分だろうが、誉めてくれる。じゃあ、いつもの雑談の調子で仏教入門書を書いてみようと決めて、以後四年、ようやくこの本ができた。最近読んだ資料、どこかで研究者から聞いた説、高校時代に何かで読んでいたかもしれない話、こんなものがつぎはぎになっている。昔読んだものは出典もよく記憶していない。しかし、専門家ではない分、恐いもの知らずで、歯に衣着せず突っ込んだことが書けた。読者の常識を揺さぶることを期待している。

何度も書くが、私は仏教を信仰していない。ただ、釈迦は人類史上最古最高の思想家の一人であり、宗教者としても極めて優れた人物であると思う。このような人物がいたことはやはり一つの奇跡であり、釈迦に畏敬の念を抱く。それは、過去の仏教者が神格化して崇める釈迦ではなく、現代の研究者たちが人間的に描く釈迦とも違って、親や妻子を平然と捨てる釈迦であり、若者たちをかどわかす危険人物として町の人たちに罵られる釈迦である。これは本文でも書いた。

しかし、仏教書を長く乱読雑読してきて、私が何よりも強く感動した釈迦は、これも本文で強調した梵天勧請品の釈迦である。梵天勧請品を初めて読んだのは学生時代だったから、まだ増谷文雄訳の『阿含経典』は出ておらず、中村元訳の『原始仏典』（『世界古典文学全集⑥』、後に単行本化）だったと思う。ここに知識人の原形があると思った。

私が学生だったのは一九六〇年代の後半から一九七〇年代初めにかけてであり、知識人と大衆という構図が崩れ始めた時代であった。しかし、私にはそれが信じられなかった。この構図が崩れたが故に世の冷たい視線を浴びながら大学生がマンガを愛読する時代が到来し、その一人がまさしく私であり、現在は大学でマンガ論の講義までしているのであるが、私は知識人と大衆という構図を今なお強固に信じている。この構図は歴史を通じて永遠に変わらない。変わるのは知識人なるものの内容に過ぎない。

その知識人たちがしばしば自分の思想のつっかい棒として仏教の安直な利用をするのにも疑問があった。野間宏の親鸞論は、ただ人間は平等だと言いたいだけである。吉本隆明の親鸞論は、ただ大衆はすばらしいと言いたいだけである。国粋主義者たちの日蓮論は、ただ日本は世界一だと言いたいだけである。

仏教ってその程度のものなのか。そんなはずはないだろう。それなら、仏教はどれほど深く、どれほど先鋭なものなのか。それを知るための第一歩に本書がなることを願っておきたい。

文庫版あとがき

本書は二〇一一年七月に筑摩書房より刊行された単行本を文庫化したものである。幸いにも単行本は好評で増刷を重ねた。いくつもの書評で取り上げられ、インタビューも受けた。また、仏教者の団体から講演を依頼されたり、共感の手紙をいただいたりした。時宜にかなった一冊だったと自負している。

刊行から五年を経過し、さらに多くの読者に読んでもらいたく、このたび文庫化することになった。誤字・誤記の訂正、文意を通りやすくするための補筆等は行なったが、論旨に関わる加筆は行なっていない。大きく補筆を要することは、補論二篇として巻末に附した。

呉智英

主要参考文献

・辞典

『岩波仏教辞典』(岩波書店)、『仏教学辞典』(法藏館)

・概説書

『岩波講座・東洋思想』⑤〜⑫(岩波書店)、宇井伯壽『佛教汎論』(岩波書店)、

『現代日本思想大系⑦仏教』(筑摩書房)

・邦訳仏典

増谷文雄『阿含経典』全六巻(筑摩書房)、中村元『世界古典文学全集⑥仏典』(筑摩書房、後に同社より単行本『原始仏典』)、中村元『ブッダのことば』『尼僧の告白』(岩波文庫)

・入門書

渡辺照宏『仏教』『お経の話』(岩波新書)、岩本裕『佛教入門』(中公新書)、

竹村牧男『「覚り」と「空」』(講談社現代新書、後に『インド仏教の歴史』と改題して講談社学術文庫)、

立川武蔵『日本仏教の思想』(講談社現代新書)

本書は二〇一一年七月、筑摩書房より刊行された。

ちくま文庫

つぎはぎ仏教入門《ぶつきょうにゅうもん》

二〇一六年三月十日　第一刷発行
二〇二五年九月十日　第二刷発行

著　者　呉智英（くれ・ともふさ）
発行者　増田健史
発行所　株式会社 筑摩書房
東京都台東区蔵前二―五―三　〒一一一―八七五五
電話番号　〇三―五六八七―二六〇一（代表）
装幀者　安野光雅
印刷所　三松堂印刷株式会社
製本所　三松堂印刷株式会社

乱丁・落丁本の場合は、送料小社負担でお取り替えいたします。

本書をコピー、スキャニング等の方法により無許諾で複製することは、法令に規定された場合を除いて禁止されています。請負業者等の第三者によるデジタル化は一切認められていませんので、ご注意ください。

© KURE Tomofusa 2016　Printed in Japan

ISBN978-4-480-43329-9　C0115